序

　日本はアジアの東端，太平洋の西端に位置し，周囲を海に囲まれた，南北に連なる美しい島国である．山地が多く，国土の3分の2は森におおわれ，多くの湖があり100本以上の急峻な川にはきれいな水が流れ，四季の変化があり，素晴らしい自然に恵まれた国といえる．一方，世界の大きな地震の10%以上は日本及びその周辺で起き，大津波に襲われ，毎年のように大きな台風や冬の豪雪に襲われるなど，自然の猛威の厳しい国でもある．

　この地に日本人は暮らし，自然への尊敬と畏怖の気持ちを持ち，互いを思いつつ暮らす心を培ってきた．明治の開国を機に，我が国は欧米の文明・科学・技術を導入し発展させ，先進国として世界を率いるまでに成長してきた．

　大きな地震はいつかどこかを襲うとほとんどの人々は考えていたが，津波の恐ろしさを指摘する専門家は一部であり，この声は人々に伝わっていなかった．非常に辛いことであるが，2011年3月11日に起きた東日本大震災では，青森県から宮城県の三陸海岸，そして仙台の南の平野で多くのまちや村が大津波の大災害を受けた．警視庁（2016年2月10日）の報告によると，1万5,894人の尊い命が奪われ，2,562人の方々が行方不明といわれる．福島県では原子力発電所の事故が起き，広範囲に広がった放射能の除染作業が続き，放射能汚染水の処理対策，燃料の取り出しなど，廃炉に向けた難しい作業が続けられている．

　人や社会は遠くで起きたこと，遠い昔に起きたことなど，体験していないことへの想いは薄い．数十年後，数百年後に日本のどこかを襲うといわれる大地震や大津波は，事実，東日本を襲ったが，明日にも次の大地震・大津波が日本のどこかを襲うかも知れない．しかし，人々は今を生き活動することに懸命である．専門家や研究者が同じように，遠い過去から未来へと繰返される自然や地球の動きを忘れることは許されない．さらに，科学・技術への過信，驕りはあってはならず，寺田寅彦が指摘していたように，文明の進化が災害を激化することを忘れてはならない．

　地震や津波に対して安全で人々が安心して暮らすことのできる社会を目指して研究・技術開発を進め，これらの知見を蓄積し，日本を形造ってきた地盤工学会，土木学会，日本機械学会，日本建築学会，日本原子力学会，日本地震学会，日本地震工学会および日本都市計画学会の8学会は，2011年に東日本大震災の合同調査報告を協力して出版することに決め，多くの分野の非常に多くの研究者・実務者の献身的な努力により，計画していた28編のほとんどが出版されてきた．

　地球の歴史，地球の営みに比べ人類の歴史は非常に短く小さいが，我々は基本的に言葉を持ち，文字を持っている．それぞれの時代に起きたことを文字や写真を用いて書物に残し，後世の人々に伝えることが重要である．これらの貴重な情報は後世の人々にだけでなく，国内の各地域，そして世界の国々に伝えることができる．

　この合同調査報告は上記の8学会の会員・委員・事務局の努力によって纏められた東日本大震災の貴重な合同調査報告である．執筆に携われた多くの方々のご尽力に感謝致します．この合同調査報告が多くの関係者，あとに続く人々に読まれ，参考にしていただき，次に大地震や大津波に襲われる国内外の地域の人々に警告を与え，防災・減災の対策に努めて欲しい．明日起こるか，数十年，数百年後に起こるかもしれない大地震・大津波によって，次に同じ災害が起こらないことを祈る．

2019年1月
東日本大震災合同調査報告書編集委員会

委員長　和田　章

東日本大震災合同調査報告

Report on the Great East Japan Earthquake Disaster

建築編 6
Building Series Volume 6

非構造部材
Non-Structural Elements

東日本大震災合同調査報告書編集委員会
Joint Editorial Committee for the Report on the Great East Japan Earthquake Disaster

日 本 建 築 学 会
地 盤 工 学 会
土 木 学 会
日 本 機 械 学 会
日 本 原 子 力 学 会
日 本 地 震 学 会
日 本 地 震 工 学 会
日 本 都 市 計 画 学 会

ご案内

本書の著作権・出版権は(一社)日本建築学会にあります.本書より著書・論文等への引用・転載にあたっては必ず本会の許諾を得てください.

®〈学術著作権協会委託出版物〉

本書の無断複写は,著作権法上での例外を除き禁じられています.本書を複写される場合は,(一社)学術著作権協会(03-3475-5618)の許諾を受けてください.

一般社団法人　日本建築学会

東日本大震災合同調査報告書編集委員会

委 員 長　　和田　　章（東京工業大学名誉教授，日本建築学会）

副委員長　　川島　一彦（東京工業大学名誉教授，日本地震工学会）

委　　員　　日下部　治（茨城工業高等専門学校校長，地盤工学会，～2015年10月30日）

委　　員　　末岡　　徹（(株)キタック顧問，地盤工学会）

委　　員　　岸田　隆夫（地盤工学会専務理事，地盤工学会，2013年1月10日～2015年10月30日）

委　　員　　東畑　郁生（関東学院大学客員教授，地盤工学会，2015年4月6日～）

委　　員　　阪田　憲次（岡山大学名誉教授，土木学会）

委　　員　　佐藤　愼司（東京大学教授，土木学会）

委　　員　　白鳥　正樹（横浜国立大学名誉教授，日本機械学会）

委　　員　　中村いずみ（防災科学技術研究所主任研究員，日本機械学会）

委　　員　　長谷見雄二（早稲田大学教授，日本建築学会）

委　　員　　壁谷澤寿海（東京大学地震研究所教授，日本建築学会，2013年4月1日～）

委　　員　　腰原　幹雄（東京大学生産技術研究所教授，日本建築学会，2015年4月6日～）

委　　員　　平石　久廣（明治大学教授，日本建築学会，～2013年3月31日）

委　　員　　平野　光将（元東京都市大学特任教授，日本原子力学会）

委　　員　　田所　敬一（名古屋大学准教授，日本地震学会）

委　　員　　岩田　知孝（京都大学防災研究所教授，日本地震学会）

委　　員　　若松加寿江（元関東学院大学教授，日本地震工学会）

委　　員　　本田　利器（東京大学教授，日本地震工学会）

委　　員　　髙田　毅士（東京大学教授，日本地震工学会）

委　　員　　後藤　春彦（早稲田大学教授，日本都市計画学会，～2014年10月9日）

委　　員　　竹内　直文（(株)日建設計顧問，日本都市計画学会）

委　　員　　中井　検裕（東京工業大学教授，日本都市計画学会，2014年10月9日～）

（学会名アイウエオ順）

まえがき

　2011年3月11日14時46分過ぎ，宮城県東方の太平洋の海底を震源として発生した地震は，Mw9.0と，近代日本がそれまで経験したことのない巨大地震となった．

　この地震により，宮城県で最大震度7が観測されたほか，東北から北関東に至る各地で震度6強の極めて強い揺れが観測され，東日本の太平洋岸のほぼ全域で大規模な津波被害が発生した．さらに，東京電力福島第一原子力発電所では大量の放射性物質の飛散漏洩を伴う事故を発生し，発電所付近では，地震による直接の被害を免れた地域を含めて，住民が長期に亘る避難を余儀なくされる事態となった．この地震では，原子力発電所以外にも多くの発電施設が被災したため，東日本の広い範囲で地震直後から深刻な電力不足に陥ったが，建築物などの地震被害自体が東日本の広範囲に及び，地震被害の様態も，多数の津波火災の発生など，戦後の他の地震に比べて複雑な様相を呈している．震災による死者・行方不明者は1万8千人を超える大規模なものであるが，被災して避難した住民の多くは今も苦難を強いられているなど，震災の影響は，時間的にも長大化している．日本では，近い将来にいくつかの大地震の発生が予想されており，また，縄文期頃からの日本列島史には巨大地震がいくつも爪痕を残している．今回の地震とその被害・影響を調査して記録に残すことは，今後に予想される地震に対する被害軽減方策の検討に必要なだけでなく，震災被災地において将来を切り開いていくうえでも貴重な手がかりになるであろう．

　日本建築学会では，地震発生直後から，調査復興支援本部，災害情報収集支援室を設置するとともに，災害委員会を中心に調査の組織化を図り，地震被害の軽減，地震によって発生した諸現象および建築物・都市等の被害の正確な把握，災害後の生活・社会活動の維持，そして復興に資するべく，この未曾有の災害の調査を進め，2011年7月には2011年東北地方太平洋沖地震災害調査速報を刊行し，その英文版を2012年10月にSpringerより出版した．そして，地震後の推移の記録を含むより本格的な調査については，阪神・淡路大震災（1995年）において，社会資本・インフラを対象としている他学会と合同で調査報告書を編集したように，今回の震災についても，関係8学会の合同調査報告書を編集することとした．建築編は，「建築編1　鉄筋コンクリート造建築物」「建築編2　プレストレストコンクリート造建築物／鉄骨鉄筋コンクリート造建築物／壁式構造・組積造」「建築編3　鉄骨造建築物／シェル・空間構造」「建築編4　木造建築物／歴史的建造物の被害」「建築編5　建築基礎構造／津波の特性と被害」「建築編6　非構造部材」「建築編7　火災／情報システム技術」「建築編8　建築設備・建築環境」「建築編9　社会システム／集落計画」「建築編10　建築計画」「建築編11　建築法制／都市計画」より成り，地震の影響が比較的早く明確になった分野から順に刊行してきた．

　本報告書が，この震災を長く社会の記憶として残し，今後に予想される大地震等において被害軽減に少しでも役立てられることを心から念ずるものである．

　本報告書の出版にあたり，執筆・編集に尽力された方々ならびに日本建築学会事務局で編集を担当された方々，また，8学会より構成される合同調査報告書編集委員会の方々に対し，心よりお礼申し上げる．

2019年1月
日本建築学会
東日本大震災合同調査報告書（建築）編集委員会

委員長　長谷見　雄二

東日本大震災合同調査報告書（建築）編集委員会

委 員 長	長谷見雄二	（早稲田大学）
副委員長	大崎　　純	（京都大学）
副委員長	壁谷澤寿海	（東京大学地震研究所）
副委員長	平石　久廣	（明治大学，〜2013 年 3 月 31 日）
副委員長	竹脇　　出	（京都大学，〜2015 年 5 月 29 日）
副委員長	時松　孝次	（東京工業大学名誉教授，2015 年 5 月 29 日〜2016 年 5 月 30 日）
副委員長	緑川　光正	（北海道大学名誉教授，2016 年 5 月 30 日〜2017 年 5 月 30 日）
副委員長	加藤　信介	（東京大学名誉教授，2017 年 5 月 30 日〜2018 年 5 月 30 日）
幹　　事	加藤　孝明	（東京大学生産技術研究所）
幹　　事	腰原　幹雄	（東京大学生産技術研究所）
幹　　事	前田　匡樹	（東北大学）
幹　　事	村尾　　修	（東北大学災害科学国際研究所）
委　　員	石川　孝重	（日本女子大学）
委　　員	大橋　竜太	（東京家政学院大学）
委　　員	川瀬　　博	（京都大学防災研究所）
委　　員	後藤隆太郎	（佐賀大学）
委　　員	清家　　剛	（東京大学）
委　　員	瀧口　克己	（東京工業大学名誉教授）
委　　員	瀧澤　重志	（大阪市立大学）
委　　員	堤　　洋樹	（前橋工科大学）
委　　員	中井　正一	（千葉大学名誉教授）
委　　員	中西　三和	（日本大学）
委　　員	久田　嘉章	（工学院大学）
委　　員	北後　明彦	（神戸大学）
委　　員	増田　光一	（日本大学）
委　　員	三浦　秀一	（東北芸術工科大学）
委　　員	村上　公哉	（芝浦工業大学）
委　　員	米野　史健	（国立研究開発法人建築研究所）
委　　員	森　　　傑	（北海道大学）

非構造部材
Non-Structural Elements

は じ め に

　東日本大震災では，地震とそれによって発生した津波によって，広範囲に甚大な被害が発生し，多数の方々が亡くなった．建築物においても地震の揺れと津波によって，多数の建物で被害が発生した．なかでも非構造部材について膨大な量の被害が発生し，天井の脱落による深刻な被害も発生して，その耐震対策の重要性が着目されるようになった．

　本編は，天井や外壁などの非構造部材の地震による被害をとりまとめたものである．今回の震災では，地震の規模から考えると構造躯体は倒壊などの目立つ被害が比較的少なく，非構造部材の被害が目立つ結果となった．一方非構造部材の被害については，被害が広範囲で膨大であったことと，比較的早急に撤去されるにもかかわらず，地震直後からしばらくは被害調査が難しかったため，被害の大きさに比してきちんと調査されたものが少ないのが実態である．

　したがって今回は，学会メンバーによる初動の被害調査と，業界団体と学識者が共同で行った個別の非構造部材の詳細調査を掲載するにとどめた．なお，他の各構造種別の災害調査報告書にもそれぞれ取り付けられている非構造部材の被害がある程度紹介されているので，そちらも参考にされたし．

　本編は4章構成としており，第1章では「非構造部材の位置づけと耐震設計の概要」として非構造部材の耐震設計に関連するこれまでの基準類などを紹介し，第2章では「初動調査による非構造部材の被害概要」として，全体，東北地方，関東地方のそれぞれの被害の概要を示している．第3章では「学校建築における非構造部材の被害」として，日本建築学会と文部科学省のデータに基づく学校建築の被害について分析している．第4章では「非構造部材の部材別被害」として，被害がまとめられているガラス，ALCパネル，プレキャストコンクリートカーテンウォール，天井について，調査できた範囲内での詳細な結果を示している．

　最後に，本報告書は調査を行った様々な方々の多くの情報を収集整理したものであり，関係の皆様に厚く御礼を申し上げる．

2019年1月
非構造部材編集担当WG主査

清家　剛

東日本大震災合同調査報告　建築編6　非構造部材
作成関係委員
−五十音順・敬称略−

材料施工委員会

委員長　早川　光敬
幹　事　橘高　義典，黒岩　秀介，輿石　直幸，山田　人司
委　員　（省略）

東日本大震災合同調査報告書（非構造部材）ワーキンググループ

主　査　清家　剛
幹　事　江口　亨
委　員　板垣　直行，井上　朝雄，熊谷　亮平，名取　発，脇山　善夫

執筆担当者

第1章　清家　剛（東京大学）
第2章　清家　剛（前掲，2.1，2.3）
　　　　石山　智（秋田県立大学，2.2）
　　　　板垣　直行（秋田県立大学，2.2）
　　　　三橋　博三（東北大学名誉教授，2.2）
　　　　菊田　貴恒（日本工業大学（当時東北大学），2.2）
　　　　熊谷　亮平（東京理科大学，2.3）
　　　　名取　発（東洋大学，2.3）
第3章　清家　剛（前掲）
　　　　熊谷　亮平（前掲）
　　　　江口　亨（横浜国立大学）
第4章　清家　剛（前掲，4.1，4.3，4.4，4.5.1）
　　　　井上　朝雄（九州大学，4.2）
　　　　名取　発（前掲，4.4）
　　　　脇山　善夫（国土技術総合研究所，4.5.2）

非構造部材

目　次

巻　頭

第1章　非構造部材の位置づけと耐震設計の概要
1.1　はじめに …………………………………………………………………………… 1
1.2　非構造部材に求められる耐震性 ………………………………………………… 2
1.3　非構造部材の耐震性に関連する基準類 ………………………………………… 2

第2章　初動調査による非構造部材の被害概要
2.1　初動調査と被害の概要 …………………………………………………………… 5
　2.1.1　被害の概要 …………………………………………………………………… 5
　2.1.2　木造住宅などにおける瓦と湿式外壁 ……………………………………… 6
　2.1.3　天井の被害 …………………………………………………………………… 7
　2.1.4　外壁・外装材・開口部の被害 ……………………………………………… 10
　2.1.5　その他の非構造部材の被害 ………………………………………………… 17
　2.1.6　まとめ ………………………………………………………………………… 21
2.2　東北地方の被害 …………………………………………………………………… 22
　2.2.1　被害概要 ……………………………………………………………………… 22
　2.2.2　天井の被害 …………………………………………………………………… 22
　2.2.3　外壁の被害 …………………………………………………………………… 25
　2.2.4　瓦屋根の被害 ………………………………………………………………… 32
　2.2.5　その他の非構造部材の被害 ………………………………………………… 33
　2.2.6　まとめ ………………………………………………………………………… 35
2.3　関東地方の被害 …………………………………………………………………… 36
　2.3.1　外壁・外装材の被害の状況 ………………………………………………… 36
　2.3.2　その他の非構造部材の被害 ………………………………………………… 45

第3章　学校建築における非構造部材の被害
3.1　学校建築における被害調査概要 ………………………………………………… 51
　3.1.1　はじめに ……………………………………………………………………… 51
　3.1.2　分析対象と方法 ……………………………………………………………… 51
3.2　非構造部材の被害傾向 …………………………………………………………… 53
　3.2.1　被害の概要 …………………………………………………………………… 53
　3.2.2　被害の傾向 …………………………………………………………………… 53

3.3　体育館および武道場の天井被害 ……………………………………………………… 55
　3.3.1　体育館の天井被害 ………………………………………………………………… 55
　3.3.2　武道場等の天井被害 ……………………………………………………………… 57
　3.3.3　天井被害の詳細分類 ……………………………………………………………… 57
　3.3.4　まとめ ……………………………………………………………………………… 59
3.4　校舎における天井被害 …………………………………………………………………… 60
　3.4.1　はじめに …………………………………………………………………………… 60
　3.4.2　天井の震動被害の概要 …………………………………………………………… 60
　3.4.3　天井の震動被害の構造種別の傾向 ……………………………………………… 63
　3.4.4　まとめ ……………………………………………………………………………… 63

第4章　非構造部材の部材別被害

4.1　部材別被害の概要 ………………………………………………………………………… 67
4.2　ガラスの被害 ……………………………………………………………………………… 68
　4.2.1　はじめに …………………………………………………………………………… 68
　4.2.2　ガラスの被害と傾向 ……………………………………………………………… 68
　4.2.3　板ガラスの被害（1次調査）……………………………………………………… 69
　4.2.4　ガラススクリーン被害（2次調査）……………………………………………… 73
4.3　ALCパネルの被害 ………………………………………………………………………… 79
　4.3.1　はじめに …………………………………………………………………………… 79
　4.3.2　外壁パネル調査報告 ……………………………………………………………… 79
　4.3.3　間仕切パネル調査報告 …………………………………………………………… 93
　4.3.4　まとめ …………………………………………………………………………… 103
4.4　プレキャストコンクリートカーテンウォールの被害 ……………………………… 104
　4.4.1　はじめに ………………………………………………………………………… 104
　4.4.2　調査 ……………………………………………………………………………… 104
　4.4.3　外観調査対象建物と調査結果 ………………………………………………… 104
　4.4.4　被害の分析 ……………………………………………………………………… 105
　4.4.5　考察 ……………………………………………………………………………… 110
　4.4.6　おわりに ………………………………………………………………………… 111
4.5　天井に対する被害調査 ………………………………………………………………… 112
　4.5.1　はじめに ………………………………………………………………………… 112
　4.5.2　東日本大震災における天井脱落被害のアンケート調査 …………………… 112
　4.5.3　東日本大震災における天井脱落被害の現地調査 …………………………… 126
　4.5.4　東日本大震災以前10年程度における天井脱落被害の文献等調査 ………… 159
　4.5.5　地震による天井脱落被害に関するまとめ …………………………………… 160

第1章　非構造部材の位置づけと耐震設計の概要（The position of non-structural element and outline of aseismatic design）

ABSTRACT

　The damage caused by the Great East Japan Earthquake on the structural frames of buildings was small. On the other hand, various damage occurred in non-structural elements of building. Non-structural elements refer to interior and exterior finishing and equipment other than structural frameworks. This report summarizes the survey results of the damage caused by the Great East Japan Earthquake of non-structural elements except equipment. because the damaged non-structural elements may be removed or repaired relatively early, it was desirable to conduct the survey as fast as possible after the disaster. However, many surveys had to be conducted after some time has passed and it was difficult to examine everything accurately.

　In this chapter, the seismic performance required for non-structural elements and the transition of related standards are summarized. Safety concerns about inertial force, performance against story drift, and other comprehensive safety are required for seismic performance of non-structural elements. However, non-structural elements differ in seismic design, and there are few non-structural elements whose designers, contractors, and subcontractors are fully conscious of the seismic resistance performance. In addition, there are also cases where the seismic performance is different depending on when the nonstructural elements were designed. It is necessary to grasp these circumstances and consider the earthquake damage.

1.1　はじめに（Preface）

　東日本大震災では，広大な地域に様々な被害が発生した．津波の被害，原発事故，あるいは液状化などが取り上げられている．建築物の構造の被害も多数取り上げられているが，地震被害全体の大きさに比べれば被害は少ないといえる．一方で壁や天井などの非構造部材については，様々な被害が広範囲で多数発生した．特に天井においては，脱落による多数の被害だけでなく，人命も損なわれるという重大な被害を引き起こした．

　本編ではこうした非構造部材の被害をとりまとめている．今回の震災においては，被害が広範囲で甚大だったため，被害が深刻な地域での調査は1ヶ月以上経過してから実施されたものが多い．一方非構造部材は被災後比較的早期に片付けられるため，被害が残っていたものだけでなく，聞き取り調査なども交えた調査も多く，実際の被害の全体像に迫ることはむずかしかったといえる．しかし，できるだけ多くの被害調査の結果を本編にまとめることで，おぼろげながらでも全体像が見えることを目指した．

　本編の構成としては，被害の全体像を示すために，まず日本建築学会での初動調査の結果をまとめて再掲している．次に広範囲な調査として，文部科学省の資料をベースとした学校建築の被害調査を掲載した．その後，各部材ごとにとりまとめられた被害調査について，一定の客観性のあるものとして，学識者などが関わったものを中心に掲載した．

1.2 非構造部材に求められる耐震性 (The seismic performance required for non-structural elements)

　非構造部材とは，瓦などの屋根葺材，壁，窓，天井を含む内装，設備など，構造躯体以外の内外装材と設備を指す．これらに求められる耐震性の目標とは，構造と同様に人命保護，財産保護，機能維持の観点に整理される．人命保護の観点からは，外壁や天井などの高所からの落下，ガラス等の鋭利なものの落下が問題になる．

　これら非構造部材の耐震設計には，主として3つの観点がある．
①慣性力に関する安全性
　非構造部材は地震時に受ける慣性力に対して安全であるよう設計されている必要がある．
②層間変位追従性
　非構造部材は地震時に発生する建物の層間変位に対して安全であるよう設計されている必要がある．
③その他総合的な安全性
　非構造部材の受ける変位や力が設定しにくい部分についても，地震時に安全であるよう総合的に検討されている必要がある．

　①については躯体に強く緊結すること，②についてはスライド構法やロッキング構法などかかる層間変位に追従する機構をそなえていること，③は躯体の変形が想定されていない部分に対する配慮を行うことで対応する．

　しかしこうした耐震設計は，各構法ごとそれぞれに方法が異なる．カーテンウォールなどの高層ビルの外壁では，明確な性能が示され，それに対応した計算などを詳細設計時に行い，設計者，施工者と専門工事業者で確認していく．あるいはALCパネルであれば，性能を発揮できる構法を選択し，それを販売工事店が責任を持って施工する．こうした設計者，施工者，専門工事業者の間で耐震性能が意識されている非構造部材は少ないのが実態である．たとえば一般の窓ガラスになってくると，十分な耐震性能の確認が行われているものばかりとは言えなくなってくる．また，耐震設計は意識されていないがしっかりと取り付けられ結果としてある程度耐震性を有するものなど，構法ごとに様々な状況である．

　さらに耐震設計については，地震被害が発生するたびに徐々に整備されてきており，その設計された時期によっても耐震性能が異なることもある．

　こうした非構造部材の状況をある程度理解した上で，被害を分析することが重要である．

1.3 非構造部材の耐震性に関連する基準類 (The regulations about the seismic resistance of the non-structural elements)

　ここでは非構造部材の耐震性に関連する基準類について整理する．

　非構造部材に関する基準で重要なものは2つある．ひとつは，建築基準法施行令第39条第2項の規定に基づく，「屋根ふき材，外装材及び屋外に面する帳壁の基準を定める件」(昭和46年1月29日建設省告示第109号，最終改正平成12年5月23日建設省告示第1348号)である．この告示では，屋根及び外壁の基本的な耐震性能について言及しているが，非構造部材の被害の大きさから，昭和53年の宮城県沖地震の後に通知施行された同年10月20日建設省告示第1622号により，非構造部材の耐震性を向上するための規定が追加された．具体的には，プレキャストコンクリート板の帳壁は支持構造部分において可動とすること，ラスシート，ワイヤラス又はメタルラスの仕様が規定されたこと，帳壁のはめごろし戸には硬化性のシーリング材を使用しないこと，という項目である．つまり，昭和53年以前の建物におけるこれら対象の非構造部材の耐震性は，比較的低い場合もある．なおこの告示では，昭和53年の改正にあたりその具体的な内容を示すものとして，「帳壁耐震構法マニュアル」が作成されている．これはその後の阪神・淡路大震災の被害を受けて，「外装構法耐震マニュアル」として平成10年に改訂されている．

　もうひとつは「官庁施設の総合耐震計画基準」がある．平成8年に出版されている解説書によると，大地震動に対する非構造部材の耐震安全性の目標を，災害応急対策活動などに使用する施設に取り付けるA類とそれ以外のB類に分けて要求性能を定め，材料と構法の選定と耐震性を考慮した検討を行うことを規定している．また，この基準では構造体の目標とする層間変形角の最大値が定められており，それに応じて採用可能な非構造部材の構法・材料を示している．

　また他の指標として，国土交通省住宅局による通知(技術的助言)がある．例えば天井についてみると，平成13年の芸予地震や平成15年の十勝沖地震後の通知では，被害の多かった大空間建築物(体育館や空港)の天井材について，天井材の周囲にクリアランスを設けることや吊りボルトの連結，目地材の落下防止策などが示されている．これは基準ではないが，自主的に耐震性を高めるように促すものであった．

　日本建築学会からは，1985年に「非構造部材の耐震設計・施工指針」が出版され，2003年に改定され，現在は「非構造部材の耐震設計指針・同解説および耐震設計・施工要領」という名称となっている．非構造部材の耐震

表1.1 非構造部材の基準類の変遷 (The transition of the regulations about the non-structural elements)

年	主な地震	非構造部材		
		国土交通省（旧建設省）・官公庁	日本建築学会	協会・団体
1964	新潟地震		高層建築技術指針	
1967		ALC構造設計基準（建設省）		カーテンウォール性能基準（日本カーテンウォール工業会）
1968	十勝沖地震			
1971		昭和46年建設省告示第109号「屋根ふき材、外装材及び屋外に面する帳壁の基準を定める件」		
1975		新耐震設計法の開発（1972〜1976）（建設省）	建築物荷重指針・同解説	
1977			高層建築技術指針（改定）	既存鉄筋コンクリート造建築物の耐震診断基準及び改修設計指針・同解説（日本特殊建築安全センター）
1978	伊豆大島近海地震（1/14）宮城県沖地震（2/20）（6/12）	昭和46年建設省告示第109号「屋根ふき材、外装材及び屋外に面する帳壁の基準を定める件」の改正（10/20）		既存鉄骨造建築物の耐震基準及び改修設計指針・同解説（日本特殊建築安全センター）
1979		通達「帳壁耐震構法マニュアル」について（7/12）		1979年版帳壁耐震構法マニュアル ラスモルタル壁、金属・ガラス帳壁、RC帳壁、ALC帳壁（日本建築センター）
1981		建築基準法施行令の改正の施行（いわゆる新耐震設計法）建築物とその周辺の防災対策調査（地震時における外装材の落下対策調査）（建設省）		
1982				地震に対する窓ガラスの安全設計（板ガラス協会）
1983	日本海中部地震	建築非構造部材の耐震設計指針（建設大臣官房官庁営繕部）ALC構造設計基準・同解説（建設省）		既存鉄骨鉄筋コンクリート造建築物の耐震診断基準（日本建築防災協会）
1985			非構造部材の耐震設計指針・同解説および耐震設計・施工要領	外壁タイル張りの耐震診断と安全対策指針・同解説（日本建築防災協会、外壁耐震改修委員会）
1986		官庁施設の総合耐震設計基準 官庁施設の耐震点検・改修要領（営繕協会）建築物の耐久性向上技術の開発（建設省）		
1987	千葉県東方沖地震	官庁施設の総合耐震計画標準 官庁施設の耐震点検・改修要領 建築非構造部材の耐震設計指針（建設省大臣官房官庁営繕部）		穴あきPC板設計施工指針・同解説（PCコンクリート技術協会）
1990				既存鉄筋コンクリート造、鉄骨造建築物の耐震基準及び耐震改修設計指針（改定）（日本建築防災協会）建築仕上診断技術者制度（建築設備維持保全推進協会）
1992		外装材の補修・改修技術の開発（建設省官民連帯共同研究）		
1993	釧路沖地震（1/15）北海道南西沖地震（7/12）		建築物荷重指針・同解説（改定）	カーテンウォールの性能基準（改定）（日本カーテンウォール工業会）
1994	北海道東方沖地震（10/4）三陸はるか沖地震（12/28）			
1995	兵庫県南部地震			

年	地震	通知等	指針・基準	その他
1996		官庁施設の総合耐震計画標準 官庁施設の耐震点検・改修要領 建築非構造部材の耐震設計指針 （改定）（建設省大臣官房官庁営繕部）		官庁施設の総合耐震計画基準及び同解説，平成8年版（公共建築協会）
1998		官庁施設の総合耐震設計基準 官庁施設の耐震点検・改修要領 （改定）（営繕協会）		外装構法耐震マニュアル―中層ビル用―（日本建築センター）
2001	芸予地震	国住指第357号「芸予地震被害調査報告の送付について（技術的助言）」		
2002				体育館等の天井の耐震設計ガイドライン（日本建築センター）
2003	十勝沖地震	国住指第2402号「大規模空間を持つ建築物の天井の崩落対策について（技術的助言）」	非構造部材の耐震設計指針・同解説および耐震設計・施工要領（改定）	
2004	新潟県中越地震		建築物荷重指針・同解説（改定）	
2005	福岡県西方沖地震 (3/20) 宮城県沖地震 (8/16)	国住指第1427号「地震時における天井の崩落対策の徹底について（技術的助言）」		
2007	能登半島地震 (3/25) 新潟県中越沖地震 (7/16)			
2008	岩手・宮城内陸地震			
2011	東北地方太平洋沖地震			安全・安心ガラス設計施工指針（日本建築防災協会）

設計の基本的な考え方と，カーテンウォール，ALCパネルなどの各構法ごとの設計・施工要領がまとめられたものであり，様々な設計の基本的な指針として使われている．

こうした基準類には様々なものがあり，これまでも改定を重ねてきている．また個別の構法ごとに設計指針などが定められ，その中で耐震性について示されている．このような主要な基準類の変遷について，表1.1にまとめる．こうした変遷についても理解して，被害を把握する必要がある．

第2章 初動調査による非構造部材の被害概要（The outline of damage to non-structural elements by the initial research）

ABSTRACT

This chapter is about the investigation of the damage to non-structural elements of building, organization of the result by region and parts, and analyzation of the result. This chapter is based on "Preliminary Reconnaissance Report of the 2011 Tohoku-Chiho Taiheiyo-oki Earthquake" by the AIJ. By organizing the result by region, it was figured out that damage was limited in the Tokai region and Hokuriku district, and damage was observed in a wide area in the Tohoku region and the Kanto region. Among the Tohoku region and Kanto region, there were areas where the damage was serious place and where the damage was relatively less serious.

Even if it seems that there is no damage to the non-structural elements, there is a possibility that it is broken at the attachment part. Therefore, it is important to check even inside for the important parts. Also, there was many damage which we could not understand the cause. It is necessary to analyze the cause of the damage for each building and each element more carefully.

In the Tohoku region and the Kanto region, there was serious damage such as the exterior wall or the ceiling falling from high places. Many buildings had damage and they became unusable since the damage directly relates to human lives.

2.1 初動調査と被害の概要（The outline of damage and the initial research）

2.1.1 被害の概要（Outline of damage）
2.1.1.1 被害の特徴（The feature of damage）

非構造部材については，軽微な被害を含めると他の被害と同様，被害が広範囲に及んでいる．非構造部材の被害の場合，地震後数日以内に撤去や復旧が始まる事が多いため，地震直後に各地の被害の全体像を把握することは困難であった．従って，初動調査の一連の建物被害は，ある程度時間が経過したものが多く，撤去や復旧がはじまっていたため正確な状況把握とはなっていないものもある．また，今回の地震は余震も多く，本震での破損なのか，その後の余震によるものなのかも，区別ができない場合が多い．

こうした中，それぞれの地域の被害がまとまり，全体としての傾向がある程度述べられるので，ここで記述する．また，部位ごとの被害を整理して，その中で重要な被害や今後の課題となりそうなものについて解説する．

本章はあくまで，速報として初動の被害調査から分かる範囲のものであり，多くはそれぞれの被害の分析を詳細に行わなければならない．

本章の原稿は 2011 年東北地方太平洋沖地震災害調査速報[1]に書かれた内容を再編集したものである．

なお，非構造部材の対象となるのは，主として木造住宅における瓦，外壁，非木造の外壁，天井，内装，エキスパンションジョイントなどである．

2.1.1.2 地域的な傾向（Regional Trend）

被害の地域的な傾向としては，北陸地方の被害は少なく，また限定的であった．東海地方の被害は，富士宮市を中心とした調査の範囲では，被害は散見されるが，古くて耐震性の低いものや，鉄骨造の比較的被害が起きやすい部位に限られていた．

関東地方の被害は，天井の破損や崩落，外壁のタイルやラスシートの破損，はめ殺しの窓ガラスの破損，木造住宅の瓦の破損などが，神奈川県，東京都，埼玉県，千葉県，栃木県，茨城県と広域で確認できた．個別の被害

非構造部材

を見ると，地盤の条件，構造の状態，施工の状態によって被害に差があると考えられるが，どのような場合に被害が起きるのかの分析は難しい．震度が大きかった茨城県，栃木県などでは被害が集中している地域があった．RC造とS造について，大空間構造物（体育館やプールなど）の吊り天井の大規模な崩落や，外壁モルタルやALCパネルの崩落が広域で報告されており，被害報告が多かった茨城県では，建物の新旧や耐震補強の有無に関わらず全県下で報告されている．また，神奈川県で報告された建物被害の大部分は非構造部材の被害（外装材のひびわれ，ガラスの破損など）である．これ以外にも，被害が広域にわたっているため把握できていない状況が多数あることが報告されている．

東北地方でも広域で被害が見られた．また，関東と同じように被害の集中している地域と比較的軽微な地域があった．福島県では郡山市などの被害が他より大きかった．宮城県においても，例えば仙台市においても海岸側の方が中心市街地よりも被害が大きいといった傾向が見られた．こうした傾向は，地域ごとの地盤などの影響をうけた可能性がある．

2.1.1.3 余震による被害（Damaged caused by aftershock）

今回は本震だけでなく，当日の余震以降たび重なる余震が継続して発生しており，これら余震による被害もあった．とくに4月7日の余震による宮城県の被害，4月11日の余震による福島県，茨城県の被害では，外壁や天井の脱落が報告されている．

2.1.1.4 各部材ごとの被害の概要（Outline of damage by element type）

本節では被害の概要を示すため，特徴的なものについて事例を取り上げながら解説する．調査は非構造部材を中心に行った調査と，各地域の被害状況調査による．被害として特徴的だったものは下記のものである．
① 木造住宅などにおける瓦と湿式外壁
② 天井の被害
③ 外壁・外装材・開口部の被害
④ その他非構造部材の被害

2.1.2 木造住宅などにおける瓦と湿式外壁（Roofing tile and exterior walls installed by wet joint in wooden houses）

木造住宅では，戸建て住宅の瓦の被害および外壁の被害が多数，広域で見られた．主要な内容は木造建物の被害を参照されたい．ここでは被害の傾向についてのみ解説する．

瓦は広域で被害が見られ，棟瓦の被害と一般部の被害に分類できる．棟瓦は，一部が棟土とともに損壊していたものがほとんどで，瓦が一体的に躯体から剥がれたものがあった（写真2.1.2）．一部の地域では，簡略化された施工方法が原因と推測されるものが確認された．また，寄棟屋根の場合は，多くで棟瓦と隅棟瓦が破損していた．その他の部分では，東北の一部の地域で，棟瓦だけでなく一般部の瓦（桟瓦）まで破損しているものが確認された（写真2.1.3）．

外壁においては，湿式の外壁の被害が散見された．土壁（漆喰壁）などは躯体の変形に対する追従性が低いため，ひび割れなどが見られた（写真2.1.4, 2.1.5）．また，ラスモルタル外壁の脱落が，一部の地域で確認された（写真2.1.6）．原因として，当時の施工方法では外壁の保持が十分でなかったことや，用いられたラスが細く破断しやすかったことなどが考えられる．

写真2.1.1　瓦の被害（富士宮市）（Damage to roofing tile）

写真2.1.2　棟瓦の被害（富士宮市）（Damage to ridge roofing tile）

写真 2.1.3　一般部の瓦の被害（福島県国見町）(Damage to roofing tile)

写真 2.1.4　漆喰壁の被害（成田市）(Damage to plaster finished wall)

写真 2.1.5　漆喰壁の被害（白石市）(Damage to plaster finished wall)

写真 2.1.6　ラスモルタル外壁の被害（福島県国見市）(Damage to mortar finish on wood)

2.1.3　天井の被害 (Damage to ceilings)

天井については，脱落の被害が起こる場合がある．特に，大空間の高い位置からの落下は，人的被害を及ぼす可能性がより高く，これらの安全性が重要といわれ続けてきた．2005年の宮城県沖の地震によるプールの天井脱落以降，様々な注意喚起がなされてきたが，今回も比較的新しい建物での脱落が起きたことが報告されている．

今回の天井の被害は，多数にわたっている．しかし今回の被害調査においては，多くの建物での被害は建物内部に入ることが難しいため，一部の建物での被害を確認するに留まっている．また，被害状況が公になるものが少なく，被害の全体像はわからない．

ここでは，天井の被害を以下の3つの建物ごとに解説する．

(1) ホールなどの大空間の天井
(2) 一般の建築物の天井
(3) 低層の店舗建築の天井

(1) ホールなどの大空間の天井

東北地方の被害では，各種のホール，体育施設，給食センター等で多くの天井被害が多数報告されている．最近天井の補強・改修工事を行ったホールでは軽微な損傷に留まったという例もあったが，その他では，大ホールの天井パネルの脱落（写真 2.1.7），体育施設での天井パネル・照明器具・断熱材等の脱落（写真 2.1.8），給食施設でのダクトと天井パネルの取り合い部の破損等の被害が見られた．

関東地方の被害としては，東京都のホールの天井の脱落により人的被害が出ている．技術的助言以降の建物でも，天井の脱落がいくつか報告されている．また，人的被害は無かったが，神奈川県で音楽ホールの天井が大規模に落下するという被害があった．体育館の被害（写真 2.1.9，2.1.10）も多数報告されている．それ以外にも，屋内プールでは天井の一部が落下し（写真 2.1.11），比較的新しい空港ターミナルでも天井が一部脱落した．

被害は東北から神奈川県まで広域に及んでいる．これらのうちいくつかは詳細調査が行われた．

写真 2.1.7 大ホール天井の落下（福島市）(Damage to ceiling panels in a hall)

写真 2.1.8 武道場天井の落下（仙台市）(Damage to ceiling panels in a martial arts gym)

写真 2.1.9 体育館天井の落下（水戸市）(Damage to ceiling panels in a gymnasium)

写真 2.1.10 体育館天井の落下（宇都宮市）(Fall of ceiling panels in a gymnasium)

写真 2.1.11 屋内プール天井の落下（ひたちなか市）(Damage to ceiling panels in an indoor pool)

(2) 一般の建築物の天井

一般の建築物でも天井の脱落，破損などの被害が多数あった．多く見られたのは，軽量鉄骨下地から，天井パネルが脱落したものであった．また，超高層ビル等でも被害があったという報告はあるものの，公表されたものは少ない．ここでは散見された事例をいくつか紹介する．

東京都では，高層ビルの1階の天井が落下していた（写真2.1.12）．静岡県では，役所の天井パネルが破損していた（写真2.1.13）．このような被害の多くは，端部，柱周り，シャッターなどの取り合いで見られ，変位に追従できなかったことが推測される．

写真 2.1.12 オフィスビル天井の落下（新宿区）（Fall of ceiling panels in a office building）

写真 2.1.13 天井パネルの破損（富士宮市）（Damage to ceiling panels）

(3) 低層の店舗建築の天井

　駐車場を備えた比較的規模の大きな鉄骨造の低層店舗建築は，日本中で多数建設されている．これらの天井が広域で多数被害を受けた．千葉県などでも被害が見られたが，他の非構造部材と同様，栃木県，茨城県，東北地方と，震源に近づくにつれ被害が増える傾向にある．主な被害は，軽量鉄骨下地からの天井パネルの脱落（写真2.1.14），天井パネルの脱落及び軽量鉄骨下地の変形・脱落である．後者は特に壁との取り合い部近くで見られた．写真 2.1.15 では，天井パネルが T バーと一体的に破損・落下したものと思われる．

　また，天井の被害が外壁にまで影響を及ぼすものが見られた．写真 2.1.16 では，ALC 外壁に特異な損傷が見られた．裏面の天井の野縁受けが衝突して ALC パネルが破損したものと思われる．

写真 2.1.14 天井パネルの破損（栃木県芳賀町）（Damage to ceiling panels）

写真 2.1.15 天井パネルの破損（水戸市）（Damage to ceiling panels）

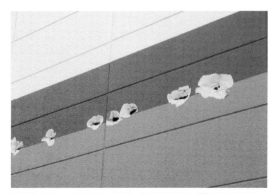

写真 2.1.16 内部天井の損傷による外壁被害（栃木県芳賀町）（Damage to outer wall due to the damaged internal ceiling）

2.1.4 外壁・外装材・開口部の被害 (Damage to outer walls, claddings and openings)

外壁・外装材・開口部の被害は，広域に見ることができる．被害の全体像は把握できないが，外観から分かる典型的な被害を以下のように分けて解説する．
(1) 鉄筋コンクリート造の外壁タイル
(2) 鉄骨造のラスシート
(3) 鉄骨造の ALC パネル
(4) ガラススクリーン
(5) 窓ガラス
(6) その他外壁材

(1) 鉄筋コンクリート造の外壁タイル

鉄筋コンクリート造，あるいは鉄骨鉄筋コンクリート造の壁に貼り付けられたタイルが破損している事例が散見された．地域的には東海地方でも見られ，また神奈川県から東北まで広域で確認されている．

被害の傾向としては，まず，窓周りなどのタイルの破損，打継ぎ面などのタイルの破損（写真 2.1.17, 2.1.18）があり，短柱部分など内部にせん断亀裂が生じたことが原因と思われる破損（写真 2.1.19, 2.1.20）であった．また，PCFと思われる事例の被害も見られた（写真2.1.21）．基礎部分と上部構造の間の被害も見られた（写真2.1.22）．地域的には他の被害と同様で東北地方がより被害率が高いと思われる．

写真 2.1.18 開口部廻りのタイル剥離（横浜市）(Damage to tile around openings)

写真 2.1.19 壁面のせん断ひび割れによるタイル被害(郡山市)
(Damage to tile due to shearing destruction)

写真 2.1.17 開口部廻りのタイル剥離（横浜市）(Damage to tile around openings)

写真 2.1.20 壁面のせん断ひび割れによるタイル被害(名取市)
(Damage to tile due to shearing destruction)

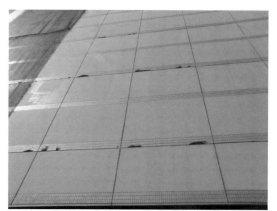

写真 2.1.21 PCF と思われる外壁ジョイント部のタイルの損傷（仙台市）(Damage to tile at joint of outer wall which seems PCF)

写真 2.1.22 基礎との取合い部でのタイル被害（仙台市）(Damaged tile between the base and wall)

(2) 鉄骨造のラスシート

ラスシートは，角波亜鉛鉄板にラスが取り付けられたシートを鉄骨下地に取り付け，その上にモルタルを塗る外壁構法である．1960年代から70年代の鉄骨造で比較的多く採用されてきた．2004年新潟県中越地震でも数多くの脱落の被害が確認されているが，今回も広域で，脱落の被害が見られた．しかし，被害率を算定したわけではないので，ラスシートの外壁のうち，どの程度が脱落したのかは把握していない．

ラスシートの場合はそもそも層間変位追従性能は低いが，過去の地震被害では，シートの取付け部分がさびているものが数多く脱落していた．今回の被害でも，同様の傾向が見られる（写真 2.1.23～2.1.26）．一方で，揺れの大きかったと思われる仙台市においては，取付け部分にほとんどさびが見られずに健全な状態のラスシートの脱落が確認されている（写真 2.1.27, 2.1.28）．

少なくとも，取付け部分がさびているラスシートは脱

落しやすいと言えるため，今後は何らかの対策が必要と思われる．ただし，ラスシートの取付け部分の点検は容易ではないので，検討が必要である．

写真 2.1.23 ラスシート外壁の被害（富士宮市）(Damage to mortar finish on lath sheet)

写真 2.1.24 ラスシートの脱落の詳細（富士宮市）(Detail of damaged mortar finish on lath sheet)

写真 2.1.25 ラスシート外壁の被害（郡山市）(Damaged mortar finish on lath sheet)

写真 2.1.26 ラスシート脱落の詳細（郡山市）(Detail of damaged mortar finish on lath sheet)

写真 2.1.27 ラスシート外壁の被害（仙台市）(Damaged mortar finish on lath sheet)

写真 2.1.28 落下したラスシート（仙台市）(Fallen walls of mortar finished lath sheet)

(3) 鉄骨造のALCパネル

ALCパネルは，広域で被害が見られた．パネルの一部破損程度であれば，首都圏でも見られた．一方で，脱落事例は北関東の栃木，茨城北部と東北地方で報告されている．多数の脱落事例があったが，それぞれの建物のごく近辺にある同様の建物でALCパネルが無被害のまま残っているという場合も多く，構造の状態，あるいは近辺の被害率などを分析しなければ状況は分からない．現時点では，被害のあったものの傾向を述べるにとどめる．

ALCパネルの取り付け構法は，かつては縦壁挿入筋構法が主流であったが，2002年ごろより耐震性能に優れた縦壁ロッキング構法に全面的に切り替わった．今回の被害調査では，脱落などの被害はほとんどが縦壁挿入筋構法であった．

写真2.1.29～2.1.32は，ALC縦壁挿入筋構法の被害である．写真2.1.29は，ビルの4階においてALCパネルが全面的に脱落した例である．写真2.1.30は，吹き抜け部分に面するALCパネルが脱落した例である．吹き抜けまわりの構造体が比較的大きく変形した事が原因と推察される．写真2.1.31は，ALCパネルの目地周囲にひび割れが生じた例である．写真2.1.32は，ドア周囲のALCの破損の例である．

さらに，ALCパネルにタイルを貼る場合には，ロッキング構法ではパネル1枚ごとに，縦壁挿入筋構法であってもパネル3枚ごとにタイルの収縮目地を設け，タイル貼りによって層間変位追従性能が阻害されないようにしなければならないが，今回の被害調査では，このルールを守らずに，結果としてパネルが脱落したり，一部破損したり，あるいはタイルのみが破損するといった事例がいくつか見られた（写真2.1.33）．これらの被害は不適切な設計が原因であったと言える．

写真 2.1.29 ALCパネルの被害（水戸市）(Damage to ALC panel)

写真 2.1.30 ALC パネルの被害（栃木県芳賀町）(Damage to ALC panel)

写真 2.1.31 工場の ALC パネルの接合部の損傷（栃木県芳賀町）(Damage at the joint of ALC panels of factory)

写真 2.1.32 ALC パネルの被害（仙台）(Damage to ALC panel)

写真 2.1.33 ALC パネルの被害（水戸）(Damage to ALC panel)

(4) ガラススクリーン

　ガラススクリーン構法には，車のショールームなどに使われるガラスリブ構法と，DPG 構法や MPG 構法といった強化ガラスを大きな面で使う比較的新しい構法がある．今回の地震では，後者の被害はほとんど確認できなかったが，前者については，多数被害が見られた．これは建物の変形に対し，ガラスとサッシの取り合い部分のクリアランスが確保できていない事が主な原因として考えられる．これに対し，ガラスまわりのクリアランスを十分に確保した設計とするか，鉄骨構造の変形を抑える設計とすることが対策として考えられる．地域の傾向でいえば，北関東と東北地方でみられ，とくに仙台市郊外では数多くの被害が見られた．これも，今後被害率を出すなどの分析が必要と思われる．なお，ガラススクリーンの場合，被災後すぐにガラスの撤去等が行われる場合がほとんどであり，詳細な被害状況が不明なものが多い．

　写真 2.1.34 は，2 階のガラススクリーンが破損した例である．写真 2.1.35 は，ガラススクリーンのガラスリブの上部で割れが起こり，ガラス上端部のみが枠に残っているという被害である．写真 2.1.36 は，低層の鉄骨造において，2 階のガラススクリーンが破損した例である．写真 2.1.37 は，エントランスまわりのガラススクリーンの面ガラスが破損した例である．

非構造部材

写真 2.1.34 ガラススクリーンの被害（仙台市）(Damage to glass screen)

写真 2.1.37 ガラススクリーンの被害（岩沼市）(Damage to glass screen)

写真 2.1.35 ガラススクリーンの被害（水戸）(Damage to glass screen)

(5) 窓ガラス

はめ殺しのガラスについては，1978年の宮城県沖地震から多数の被害が報告され，昭和46年建設省告示109号の改正の際に硬化性シーリングによるはめ殺しのガラスは禁止されている．それ以降，改修や建替えが進み，硬化性シーリングによるはめ殺しガラスは少なくなりつつあるが，窓ガラスの被害としてはめ殺しのガラスが割れる事例は，神奈川を含む関東一円，東北地方に広域に散見された（写真2.1.38〜2.1.41）．

また，層間変位が大きくかかる横連窓での被害も見られた（写真2.1.42）．さらにガラスのカーテンウォール形式でも一部破損した事例があった．写真2.1.43の例では，ガラスの突き合わせ部分で割れている．この建物の場合，建物周囲の地盤沈下が見られるため，想定以上の揺れが生じた可能性もある．

一方，超高層ビルのガラスカーテンウォールは無被害であった（写真2.1.44，2.1.45）．

写真 2.1.36 ガラススクリーンの被害（富士宮市）(Damage to glass screen)

写真 2.1.38 はめ殺し窓の被害（水戸市）(Damage to fixed window glasses)

第 2 章　初動調査による非構造部材の被害概要

写真 2.1.39　はめ殺し窓の被害（郡山市）(Damage to fixed window glasses)

写真 2.1.42　横連窓の被害（水戸市）(Damage to horizontal composite windows)

写真 2.1.40　はめ殺し窓の被害（水戸市）(Damage to fixed window glasses)

写真 2.1.43　ガラスカーテンウォールの被害（水戸市）(Damage to glass curtain wall)

写真 2.1.41　店舗建築のガラスの被害（仙台市）(Damage to glass of commercial building)

写真 2.1.44　無被害のガラスカーテンウォール（郡山市）(Glass curtain wall with no damage)

非構造部材

写真 2.1.45 無被害のガラスカーテンウォール（仙台市）(Glass curtain wall with no damage)

写真 2.1.47 正面2階の曲面部のガラスブロックが全面的に脱落（富士宮市）(All grass blocks at curved corner had been damaged on the second floor)

(6) その他外壁材

PCカーテンウォールについては，目地ずれなどの事例がわずかにあったが，内部に破損が見られる事例があるかどうかは，今後の詳細調査を待つことになる．

一方仙台でカーテンウォール形式になっていないPC版の脱落があった（写真2.1.46）．1978年の告示109号改正で，プレキャストコンクリートの取付け部分は可動とすることが定められているが,それ以前で高さ31メートル以下の場合は，層間変位追従性を求められていない．その時期の無開口のPC版が1枚歩道に脱落した．同様の条件に当てはまるPC版については今後の地震で被害を受ける可能性があり，点検などの対応を考える必要があるかもしれない．

ガラスブロックは富士宮市で全面的に脱落したもの等があった（写真2.1.47，2.1.48）．

鉄骨造のサイディングなどの外壁においても，ビス留め部分からのひび割れなどが見られた（写真2.1.49）．

写真 2.1.48 ガラスブロックの破損（富士宮市）(Damage to glass block)

写真 2.1.46 PC外壁の被害（仙台市）(Damage to PC outer wall)

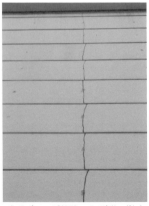

写真 2.1.49 サイディング外壁のひび割れ（仙台市）(Cracks on siding board of outer wall)

2.1.5 その他の非構造部材の被害 (Damage to other non-structural elements)

その他の非構造部材の被害としてみられたのは以下のものである．
①内装
②ガラス防煙垂れ壁
③軒天井
④エキスパンションジョイント
⑤工作物など

(1) 内装の被害

天井以外の内装については，内壁の破損，内部の建具の破損，床仕上げの破損などが広域で見られた．しかし，建物内部の調査が行われたり，内装の被害が報告されているものは少なく，これらの被害の全体像は把握できていない．

内装の被害は，同一建物内では，吹き抜けや階段室などの近辺の被害が比較的大きいことがある．高層ビルの避難階段などは，比較的大きな変形となりやすく，内装が追従できずに破損する場合がある（写真2.1.50）．同様に階段室では床仕上げなども被害を受けることがある．低層鉄骨造の店舗建築で，床仕上げが破損しているものが見られた（写真2.1.51）．

写真2.1.51 階段床仕上げの破損（さいたま市）(Damage to floor finish in a staircase)

(2) ガラスの防煙垂れ壁

ガラスの防煙垂れ壁は，店舗建築などで数多く採用されている．これらは過去の地震でも多数破損した例が見られたが，今回も広範囲に被害が確認できた．本来は下部に脱落防止のバーが設置され，柱などと接する端部に緩衝材を入れることが望ましいが，被害が見られた事例では，こうした措置がとられているものは少ない．破損は柱と接する端部で起きやすいが，一般部で破損している場合（写真2.1.52）や全面に破損している場合もある．柱と接している部分で防煙垂れ壁のガラスが破損する場合，柱の仕上げが破損した例などがあった（写真2.1.53）．またガラスの破損が起きない場合でも，ガラスが揺れる事によって仕上げ材を傷つける事がある（写真2.1.54）．

写真2.1.50 階段内壁の破損（新宿区）(Damage to interior wall in a staircase)

写真2.1.52 商業施設のガラス防煙垂れ壁のひび割れ (Crack of smoke preventive hanging glass in a commercial building)

非構造部材

写真2.1.53 ガラス防煙垂壁と周辺のパネルの破損(富士宮市)
(Damage to smoke preventive hanging glass and panels)

写真2.1.55 店舗軒天井とALC外壁パネルの被害(名取市)
(Damage to panels under eaves of commercial building)

写真2.1.54 ガラス防煙垂壁と周辺のパネルの破損(富士宮市)
(Damage to smoke preventive hanging glass and panels)

写真2.1.56 体育館の軒天井の脱落(名取市) (Damage to panels under eaves of gymnasium)

(3) 軒天井の被害

軒天井は,鉄骨造の体育館や低層の店舗建築で散見された.特に頭上からのパネルの脱落となるため,人的被害の可能性が比較的高く,注意しなければならない.低層鉄骨造の店舗建築では,軒天井が脱落している被害が見られた(写真2.1.55).多くの場合,出入り口近辺となるため,より注意が必要であろう.また,体育館の軒天井の脱落も見られた(写真2.1.56).

(4) エキスパンションジョイントの被害

エキスパンションジョイントの被害は,学校建築,店舗建築と駐車場の間,工場などで,多数見られた.隣接する構造体との衝突を防止するという点では機能したが,一方で補修しなければ雨もりなどの原因となる.

体育施設のブリッジの接続部で,エキスパンションジョイントが破損していた(写真2.1.57).また,学校建築でも破損していた(写真2.1.58).これらは内装のパネルも破損していた.店舗建築と駐車場の間などでは,全体に変形して雨もりの可能性があり,シートがかけられていた(写真2.1.59).また,駐車場では,大きく変形しているエキスパンションジョイントもあった(写真2.1.60).

写真 2.1.57　エキスパンションジョイント部の破損（宇都宮市）
（Damage to expansion joint）

写真 2.1.60　エキスパンションジョイント部の破損（成田市）
（Damage to expansion joint）

(5)　工作物等の被害

　看板などの屋上工作物が，数多く破損していた．低層店舗建築で看板を取り付けるために屋上に設けたフェンス状壁面のALCパネルが被害を受けていた（写真2.1.61）．外壁部分はほとんど被害が見られず，看板部分のみが脱落していた．また，ALCパネルを用いたパラペットまわりで，ALCパネルが脱落していた例があった（写真2.1.62）．

　6階建ての店舗建築では，屋上の看板のボードが破損して1階まで脱落した（写真2.1.63）．写真2.1.63の被害は，出入り口付近での上部からの脱落であり，注意が必要である．

写真 2.1.58　エキスパンションジョイントの破損（宇都宮市）
（Damage to expansion joint）

写真 2.1.59　エキスパンションジョイント部の破損（仙台市）
（Damage to expansion joint）

写真 2.1.61　店舗建築のALCパネルが下地の看板の被害（栃木県芳賀町）（Damage to ALC made signboard in a store）

非構造部材

写真2.1.62 屋上手摺の被害(仙台市)(Damage to parapet)

写真2.1.64 体育館妻側の破風板の破損(岩沼市)(Damage to rake on a gymnasium)

写真2.1.63 屋上看板の破損・脱落(成田市)(Damage to sign board of the roof)

写真2.1.65 ブロック塀の倒壊(ひたちなか市)(Falling down of block wall)

その他として,屋根部材の一部だが,体育館の破風板が破損し,本震,余震でどの程度破損したかはわからないが,一部脱落し,一部は破損して垂れ下がっている状態だった(写真2.1.64).

ブロック塀と石積みの塀の被害も,広域で多数見られた.ブロック塀も多数被害が見られた(写真2.1.65).北関東から東北地域では,大谷石などを使った石積みの塀が数多く見られるが,被害も多数見られた(写真2.1.66).いずれも早期に撤去されていることが多く,被害の実態や被害率は把握できていない.

建築物の足下まわりでは,タイルや外構の仕上が破損しているものも多数あった(写真2.1.67, 2.1.68).

写真2.1.66 石積み塀の被害(名取市)(Damage to masonry wall)

写真 2.1.67 建物の足下まわりの被害（仙台市）(Damage to basement)

写真 2.1.68 建物の足下まわりの被害（名取市）(Damage to basement)

2.1.6 まとめ（Conclusion）

　非構造部材の被害について，実態を解説してきた．これらの被害の多くは広域に散見され，同様の隣接する建物の被害がないなど，なぜその建物で被害が起きたのかを説明しにくいものが多い．したがって，個別の建物ごとの被害原因を丁寧に分析するとともに，ある一定の範囲での被害率などをみる必要があると考える．しかし，非構造部材の場合，被害を受けた後に，早期に撤去され補修されることが多いので，こうした分析が可能なものは限られていると思われる．

　当面の課題としては，非構造部材の被害がないと思われているものでも，取付け部分などで破損している可能性があるので，重要な部材については，内部の点検も必要であろう．さらに，目視や早期の点検だけでは確認できない内部の亀裂や破損は，時間が経過してから被害が確認できる場合があるので，こうした経過を観察することも重要である．現時点で設計に反映できることとしては，こうした早期の点検が可能となるような取付け方や点検口の確保などがあげられる．

　今後はそれぞれの被害原因の分析を行う必要がある．とくに，構造躯体がどのように変形したのか，それに対して非構造部材がどのような変形を受けたのか，といった詳細な分析も必要である．これらを検証した上で，それぞれの設計あるいは施工に反映していくべきだろう．

参考文献

1) 日本建築学会：2011年東北地方太平洋沖地震災害調査速報, pp.513-529, 2011.7

2.2 東北地方の被害（Damage in the Tohoku district）

2.2.1 被害概要（Outline of the damage）

今回の地震による建築物の被害は，震源域である東北地方においても観測された地震規模に比較してその構造的な損傷は少なかった．これに対し，非構造部材の損傷は数多く見られ，特に天井，外壁材，瓦等の剥落といった高所からの落下を伴う被害については，直接的に人命にかかわる大きな危険性を含むため，使用不可となった建物も多数存在した．

詳細な被害調査および分析は，4章で述べるため，ここでは東北地方で見られた，各部位ごとの個々の被害事例[1]-[3]を以下に紹介する．

2.2.2 天井の被害（Damage to ceiling）

(1) Rホール（仙台市太白区）

仙台市内エリアで最も大きな天井被害を受けた施設の一つと推定される．ホール（674席）では写真2.2.1の通り，大規模な天井の落下が見られた．天井は一般的な鋼製下地の吊り天井であったものとみられ（写真2.2.2），自重などの静的な荷重に対しては十分な耐力があったものと推定されるが，長時間に亘る振動と大きな変形の繰り返しを受けたことが，天井材の脱落の一因となったと考えられる．仙台市が管轄するホール建築物としては最も遅く，震災発生から約1年を経た2012年3月5日に再開している．

(2) Iホール（仙台市泉区）

写真2.2.3に見られるように大ホール（1,450席）の天井材の脱落が見られ，特に天井が傾斜している部分に被害が集中していた．また，小ホール（403席）においても天井材の脱落や写真2.2.4に示すように空調用ダクトの脱落などが見られた．約半年間の改修工事を経て，2011年12月10日にホールを含めた施設全体が再開している．

写真2.2.1 天井の落下状況（Falling of the ceiling in the hall）

写真2.2.2 天井材の脱落状況（Falling of the ceiling materials）

写真2.2.3 大ホール天井の脱落（Falling of the ceiling in the main hall）

写真2.2.4 空調用ダクトの脱落（Falling of an air-conditioning duct）

(3) S複合施設（仙台市青葉区）

S複合施設は2000年竣工の地下2階，地上7階建てS

造の建物であり，特に最上階である7階において天井の大半が脱落もしくは脱落しかかる甚大な被害が生じた（写真2.2.5）．地震時7階に居た職員の話によると，この建物の上下階をつなぐ複数のエレベーターシャフトの間に挟まれた天井がやや細くくびれた部分（写真2.2.6）等から天井材の脱落が開始し，それが周囲へと伝播していったとのことである．この一方で，規模が同様以上である6階以下の天井での被害はごく軽微なものであった．7階では天井下地におけるハンガーが開いた状態になっており（写真2.2.7），震災時はかなり大きな荷重が掛かったものと推察される．現在は大幅な仕様変更を含む改修工事を経て復旧されている（写真2.2.8）．すなわち，化粧ルーバーとグラスウールボードを採用して，天井の軽量化が図られ，天井内にも新たに補強ブレースが採用されている．これらの改修工事を経て，2012年1月21日に全館再開した．

写真 2.2.7　吊りボルト先端の野縁受けハンガーが開いた状態
（Deformation of hungers of a ceiling furring system）

写真 2.2.5　7階天井材の脱落（撮影：せんだいメディアテーク）
（Falling of the ceiling, 7th floor, photo by smt）

写真 2.2.8　改修後の天井（Renovated ceiling）

(4) A給食センター（仙台市青葉区）

A給食センターでは，写真2.2.9に示すように煮炊き調理室等の天井と一体となった大型換気フード周りに大きな損傷が生じた．天井下地の野縁受けおよび野縁の軽量形鋼を繋ぐクリップが床上に脱落・散乱しており，クリップ先端のフックや肩板の部分に大きな変形が確認された（写真2.2.10）．このような変形は多くの被害物件において見られた．

写真 2.2.6　エレベーターシャフトが接近している箇所
（Narrow part of the ceiling among elevator shafts）

写真 2.2.9　換気用フードと傾斜天井との接合面における損傷
（Damage to the inclined ceiling around ventilation hoods）

非構造部材

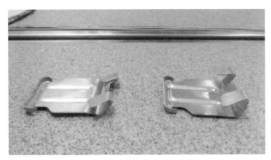

写真 2.2.10 変形し脱落した天井下地クリップ (Deformation of hunger clips of a ceiling furring system)

写真 2.2.11 換気用ガラリ付近の天井材損傷 (Damage to the ceiling around a ventilation louver)

写真 2.2.12 換気フード横補強材取り付け (Installation of the ventilation hoods lateral reinforecement)

また，換気用ガラリ付近の天井材も損傷を受けており（写真 2.2.11），地震動を受けた際の，これらの空調設備と天井材との変形性状の差が被害につながったと言える．
このセンターでは，学校給食の早期再開の実現を最優先課題とし，天井の大幅な仕様変更は行わず，現状復旧を基本として改修工事を行う一方で，空調換気パネル等には落下防止の対策が施された（写真 2.2.12）．この給食センターは 2 学期が始まる 2011 年 8 月 26 日から学校給食の提供（約 10,700 食）を完全に復旧させている．

(5) F ホール

1970 年竣工の RC 造 3 階建て建築物であるが，1752 席の大ホールで天井材脱落の被害があった（写真 2.2.13）．主に天井の段をつなぐ部分の天井材が大きく外れて 1, 2 階の客席に落下しており，観客が居た状態であれば死傷者を伴う大きな被害になった恐れがある．大ホール以外にも，ロビーや廊下の天井材脱落・損傷も見られた（写真 2.2.14）．

写真 2.2.13 大ホール天井材脱落（撮影：日本大学工学部）(Falling of the ceiling in the main hall, photo by Fac. of Engineering, Nihon Univ.)

写真 2.2.14 ロビー天井材脱落（撮影：日本大学工学部）(Falling of the ceiling in a lobby, photo by Fac. of Engineering, Nihon Univ.)

(6) T 高等学校武道場

S 造 2 階建て建築物で，空手・柔道等の授業および部活動で利用されていた．切り妻屋根の鉄骨フレームに直接取り付けられていた天井材（断熱材も含む）が全面的

に落下しており（写真2.2.15），鉄骨架構の変形に天井材の接合部が追随できなかったと考えられる．

脱落材料撤去後の状況（写真2.2.16）においては，構造的な損傷はほとんど見られなかった．

写真2.2.15 武道場天井脱落（撮影：東北工業大学　大沼正昭教授）（Falling of the ceiling, photo by Prof. Onuma, Tohoku Inst. of Tech..）

写真2.2.16 脱落材料撤去後の状況（撮影：東北工業大学　大沼正昭教授）（Roof structure after removal of fallen ceiling, photo by Prof. Onuma, Tohoku Inst. of Tech..）

(7) SSホール

平成21年1月に天井補強工事を完了していた結果，今回の地震では軽微な天井損傷の被害に留まった（写真2.2.17）．その補強概要は天井形状を変更し，附属金物は耐震型として天井吊り高さを1.0m未満とする新たな天井とするものであった（写真2.2.18）．なお，天井材周囲は躯体等との間に80mmの隙間を設けている（設計者による）．

写真2.2.17 天井隅部の軽微な損傷（撮影：東北工業大学　大沼正昭教授）（Small damage to the ceiling at the corner, photo by Prof. Onuma, Tohoku Inst. of Tech..）

写真2.2.18 改修された新たな天井下地（撮影：東北工業大学　大沼正昭教授）（Retrofitted ceiling furrings photo by Prof. Onuma, Tohoku Inst. of Tech..）

2.2.3 外壁の被害（Damage to the outside wall）
2.2.3.1 はじめに（Preface）

今回の地震によって，鉄筋コンクリート構造物の外装タイルや仕上げモルタルなどが脱落する被害や，鉄骨造の商業施設や事務所ビルなどに用いられるALCパネルが脱落するなどの被害が多く見られた．地震動に伴う外壁の脱落や破損は第三者被害に直結する可能性が高く，これまでも危険性が指摘されてきた．また外装パネルに脱落などの被害があった場合には，構造躯体そのものの被害が軽微であっても，屋内が風雨に曝される状況となってしまうことで使用が大きく制限されることとなる．

ここでは，ALCパネルや外装タイルなどの材質ごとに分類し，外壁材の被害について報告する．

2.2.3.2 ALCパネルの被害 (Damage to ALC panels)

鉄骨造の商業施設や事務所ビルなどを中心として，ALCパネルが脱落する被害が数多くみられた．ここでは，代表的な被害事例として，郊外型の大規模店舗と小規模な事務所ビルについて紹介する．

写真 2.2.19～2.2.22 は，仙台市泉区にある郊外型の大規模商業施設である．写真 2.2.19, 2.2.20 に示されるように，外壁 ALC パネルが大規模に脱落している．ただし，これらの写真は震災直後ではなく 4 月下旬に撮影されたもので，脱落の危険性があるパネル類の撤去・片付けや，仮固定・養生等の作業が行われている状態である．写真 2.2.21 にはパネル固定下地および金物が確認できる．また写真 2.2.22 では，破壊した ALC パネルからアンカーが露出している．

写真 2.2.21　ALC パネル固定金物 (Fixing bracket of ALC panels)

写真 2.2.19　ALC パネルの脱落 (Falling of ALC panels)

写真 2.2.22　ALC パネルのアンカー (Anchor of ALC panels)

写真 2.2.20　ALC パネルの脱落 (Falling of ALC panels)

写真 2.2.23　被害建物全景 (Damaged building)

写真 2.2.24 ALC パネル自体の破損 (Damage to ALC panel)

写真 2.2.26 破壊部分詳細 (Damage to ALC panels, enlargement)

写真 2.2.23, 2.2.24 は，仙台市若林区の小規模事務所ビルで見られた ALC パネルの被害である．写真 2.2.23 にあるように，外壁 ALC パネル自体が破損している被害が見られた．特に開口部の周囲での破損が目立つ．写真 2.2.24 では，庇を吊る緊張材が座屈しているのが確認でき，建物全体に過大な変形が生じていたものと推察される．

写真 2.2.25～2.2.28 は，仙台市若林区の 2 階建て集合住宅で見られた ALC パネルの被害である．写真 2.2.25 のように，外壁 ALC パネルのジョイント部などに沿って割裂しているが，写真 2.2.26 から分かるように鉄骨柱脚部のコンクリートも破壊しており，建物自体の残留変形はそれほど見られなかったものの，構造体自身が地震時にそれなりに変形したことが考えられる．また，写真 2.2.27, 2.2.28 のように，大きく脱落・落下している部分も見られた．

写真 2.2.27 ALC パネルの落下 (Falling of ALC panels)

写真 2.2.25 ALC パネルのジョイント部に沿った割裂
(Damage to ALC panels along their jointed part)

写真 2.2.28 落下した ALC パネル (Falling of ALC panels)

2.2.3.3 外装タイル・仕上げモルタルの被害 (Damage to tiles on outer walls and mortar finish)

RC 造構造物では，躯体のひび割れ・変形に伴って外装タイルや仕上げモルタルが剥落する被害が，事務所ビルなどを中心に数多くみられた．ここでは，代表的な被害事例として，市街地にある事務所ビルについて紹介する．

写真 2.2.29, 2.2.30 はタイルの，写真 2.2.31, 2.2.32 は

非構造部材

仕上げモルタルの剥落被害である．短柱部分に生じたせん断ひび割れがそのまま外装材にも現れて，剥落を生じさせている．ここで挙げた写真は震災から1週間程度の時期に撮影されたものであり，この後の早い段階で全面的にネット張りをするなどの落下防止対策が取られていた．また，写真2.2.33のように，化粧壁でも被害が生じた場合には，コンクリート片の落下による第三者被害が危惧される．

写真 2.2.29 被害建物全景 (Damaged building)

写真 2.2.30 せん断ひび割れに伴う外装タイルの剥落 (Falling of tiles caused by sheared cracks)

写真 2.2.31 せん断ひび割れに伴う仕上げモルタルの剥落 (Falling of finishing mortar caused by sheared cracks)

写真 2.2.32 せん断ひび割れに伴う仕上げモルタルの剥落 (Falling of finishing mortar caused by sheared cracks)

第 2 章　初動調査による非構造部材の被害概要

写真 2.2.33　化粧壁の損傷（Damage to non-structural wall）

2.2.3.4　開口部・ガラスの被害（Damage around openings and glass）

開口部やカーテンウォールに用いられているガラスにも被害が見られた．写真 2.2.34 は，802 席のコンサートホールを有する平成 2 年竣工の地上 4 階建て RC 造建築物の 3 階ロビー部分の被害状況である．中央の 2 スパン分のガラスが破損していることが確認できる．3 月 11 日の本震の際には，2 スパンの中央部分にあったリブガラスのみが破損したが，続く 4 月 7 日の余震（このホールのある仙台市青葉区は震度 6 弱）の際に，リブガラスを失っていた 2 枚のガラスが破損したとのことであった．

写真 2.2.34　ガラスの損傷（Damage to window glasses）

写真 2.2.35，2.2.36 は，仙台市宮城野区の商業ビルのガラスカーテンウォールの被害である．全体の中でわずか 1 箇所ではあるが，中間層の端の部分で被害がみられた．また，この周辺でもショーウィンドウなどの大きなガラス面で被害が多く観察された．

写真 2.2.35　ガラスカーテンウォールの被害（Damage to a glass of the curtain wall）

写真 2.2.36　破損部分の詳細（Damage to a glass of the curtain wall, enlargement）

2.2.3.5　サイディングの被害（Damage to sidings）

鉄骨造の倉庫や工場などでは，写真 2.2.37，2.2.38 のような外装のサイディングなどが脱落する被害が数多くみられた．これらは構造躯体の変形にサイディングおよび

非構造部材

その接合部が追随できなかったことが要因と考えられるが，古い建物も多く，劣化の影響も考えられる．

写真 2.2.37 鉄骨造建屋のサイディングの脱落（仙台市若林区・倉庫）（Falling of siding boards）

写真 2.2.38 鉄骨造建屋のサイディングの脱落（仙台市若林区・倉庫）（Falling of siding boards）

2.2.3.6 ラスモルタルの被害（Damage to mortar finish on lath sheet）

一般住宅や小規模店舗，店舗併用住宅においてはラスモルタル外壁の被害が数多く見られた．特にモルタル壁の剥落が生じている建物は年代が古いものが多く，近年に建てられたものについてはクラックが生じる程度であり，無被害のものも多かった．

写真 2.2.39 店舗併用住宅におけるラスモルタルの剥落（Falling of lath mortar）

写真 2.2.40 蟻害により劣化・消失した木摺り，軸組（Deteriorated timber structures caused by ant damage）

写真 2.2.41 妻部分が大きく剥落したラスモルタル外壁（Falling of lath mortar）

写真 2.2.42 木摺りの状況と残されたステープル (Staples left in the wood sheathing)

　写真 2.2.39 は仙台市太白区の店舗併用住宅である．年代もやや古く，現在は店舗としては使われていなかったようである．ラスモルタルの外壁が大きく剥落し，写真 2.2.40 のようにその下の木摺り，さらには軸組が蟻害により劣化・消失している．このためラスモルタルを保持することができなくなっている．
　写真 2.2.41 は仙台市若林区の集合住宅である．西側の妻面部分のラスモルタルの外壁がほぼ全面に渡って大きく剥落している．写真 2.2.42 に示されるように木摺りは健全であったが，留め付けのステープルが現在のものに比べて非常に細く，十分な保持ができなかったと思われる．

2.2.3.7 漆喰・土塗り壁の被害 (Damage to finishing plaster and wattle-and-daub)

　伝統的建物においては土塗り壁が多用されているが，今回の地震ではこれらの被害が顕著にみられた．一方で，それらの軸組についてはほとんど被害が及んでいないケースが多く，残留変形もあまり見られていない．また土塗り壁の仕上げに塗られた漆喰のみが剥落しているケースも多かった．
　写真 2.2.43〜2.2.45 は大崎市の元酒蔵の建物を飲食店に改修したものである．壁全体にわたりひび割れが生じ，表面の漆喰，さらに壁土の剥落がみられる．

写真 2.2.44 壁の被害の様子 (Damage to the outside wall)

写真 2.2.45 壁土の剥落 (Falling of wall clay)

　写真 2.2.46，2.2.47 は白石市の白石城である．この城は伝統的技術をそのまま用いて平成 7 年に復元されたもので，比較的新しい建物である．天守閣の最上段の外壁に大きく割れが入っており，仕上げの漆喰が剥落している．しかしながら内部の架構などには被害や変形は無く，外壁のみの損傷となっている．

写真 2.2.46 白石城天守閣外壁の被害 (Damage to the Shiroishi Castle)

写真 2.2.43 酒蔵を改修した飲食店の被害 (Damaged building)

非構造部材

写真 2.2.47 土塗り壁表面の漆喰の剥落（Falling of finishing plaster on wattle-and-daub）

写真 2.2.48 瓦屋根の被害（Damage to a tiled roof）

2.2.4 瓦屋根の被害（Damage in tiled roof）
2.2.4.1 はじめに（Preface）

　瓦屋根の被害については，今回の地震により被災したいずれの地域においても大変多く被害がみられている．瓦屋根の耐震性に関しては，日本建築学会「非構造部材の耐震設計指針・同解説および耐震設計施工要領」，社団法人全日本瓦工事業連盟（全瓦連とする）「ガイドライン工法」が示されている．しかしながら震災前におけるガイドライン工法の普及率は必ずしも高くなく，ガイドライン工法が未実施の屋根については7割以上で多く被害が見られるという調査報告[4]がされている．ここでは被害事例を収集すると共に，これらを区分整理する．

写真 2.2.49 隅棟瓦の落下とそれによる1階桟瓦の被害（Damage to roof tiles on the lower level caused by falling of corner tiles）

2.2.4.2 棟・隅棟瓦の被害（Damage to tiled roof）

　瓦屋根の被害で最も多く見られているのが，棟あるいは隅棟の冠瓦およびのし瓦の落下である．写真 2.2.48, 2.2.49 は寄棟の屋根における隅棟瓦が落下した被害家屋（宮城県名取市）である．ほとんどの棟瓦が落下しており，周囲の住宅の中でも被害が顕著であった．建物自体は全国展開するハウスメーカーにより平成6年に建てられた住宅で，構造的には十分耐震性を有する設計がなされているが，内部のクロスにもボード目地で亀裂が入るなど被害が生じていた．このため，建物の周期が揺れの周期と同調し，周辺の住宅に比べ揺れが激しかったことが考えられる．

　写真 2.2.50, 2.2.51 は岩手県花泉町の伝統型民家の瓦被害である．写真 2.2.51 のように棟ののし瓦が何層にも高く積まれており，それらが落下している．このような伝統型民家では棟瓦を高く積むことがステータスシンボルとなっていることもありアンバランスなほどに高く積まれている棟が見受けられる．もちろんそのような棟瓦は被害を受けやすく，今回の瓦被害の中で多数みられている．

　写真 2.2.52 は白石市での瓦屋根に被害を受けた住宅である．調査時点で，地震発生より1ヶ月半経っていたが，既に2階の屋根を金属板葺に張り替える工事が行われていた．先の全瓦連の調査報告[4]においても，震災前後で和瓦が10%減少した一方で，金属屋根が10%増えているとのことである．

写真 2.2.50 伝統的木造民家の棟瓦の落下被害 (Damage to a tiled roof)

写真 2.2.51 高く積まれた棟瓦の落下 (Damage to a tiled roof)

写真 2.2.52 瓦屋根から金属板葺きへの葺き替え (Replace treatment from tiled roofing to metal roofing)

2.2.5 その他の非構造部材の被害 (Other damage)
2.2.5.1 はじめに (Preface)

前述までの部材以外の非構造部材被害としては，非構造壁のせん断破壊，階段の被害，エキスパンションジョイント部の被害などが見られた．これらについて報告する．

2.2.5.2 非構造壁の被害 (Damage to non-structural walls)

写真 2.2.53 は 3 階建て RC 造建物の被害状況であるが，換気口付近にせん断ひび割れが確認できる．写真 2.2.54 は 3 階建て RC 造建物のトイレ部分の外壁被害状況であるが，換気口および窓開口部を基点としたせん断破壊が見られ，窓サッシは室内側に向かって面外変形していた．また，同じトイレの室内側入口脇の袖壁にも同様の被害が見られた（写真 2.2.55）．この建物は構造的には小破程度の被災度と考えられるが，階段室腰壁にもせん断ひび割れが見られるなど非構造壁被害が比較的多く確認された．

写真 2.2.56, 2.2.57 は 3 階建て RC 造建物の腰壁付近の被害状況である．1 階および 2 階の腰壁-柱境界部分でコンクリート表面が剥離しており，窓サッシとの間にはひび割れが発生していた．境界部分の溝にシーリング材が充填されていたことから，構造スリット部の衝突による損傷であると考えられる．

写真 2.2.53 換気口周りのせん断ひび割れ (Sheared crack around vents)

写真 2.2.54 トイレ外壁のせん断ひび割れ (Sheared cracks)

非構造部材

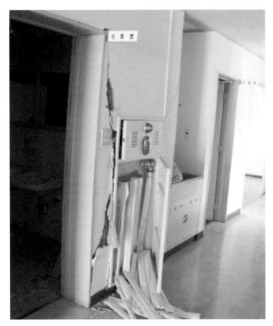

写真 2.2.55 トイレ入口側の袖壁被害 (Damage to non-structural wall)

写真 2.2.57 コンクリートの剥離 (Spalling of concrete)

2.2.5.3 階段部の被害 (Damage to stairs)

写真 2.2.58 は 3 階建て RC 造建物の 2 階部分の被害であるが，2 階部分は床スラブとの接合部でコンクリートが崩落したため，仕上げの石材が落ちないようテープで止めている状態だった．この建物では，写真 2.2.59 に示すような階段踊り場部分のコンクリート剥落被害も見られ，階段室両側の柱および腰壁にも損傷が見られた．

写真 2.2.56 建物全景 (Damaged building)

写真 2.2.58 階段被害 (2 階部分) (Damage to stairs)

写真 2.2.59　階段被害（踊り場剥落）（Damage to stairs）

2.2.5.4　エキスパンションジョイント部の被害
（Damage to expansion joint）

　写真 2.2.60 は 3 階建て RC 造建物のエレベータ前のジョイント部被害であり，ジョイントの目隠し材が脱落し，ジョイント間へ巻き込まれている状態が確認された．写真 2.2.61 は 3 階建て RC 造建物と 2 階建て RC 造建物の渡り廊下が接続するエキスパンションジョイント部の被害であるが，3 階建て建物の方の腰壁が折れている状態が確認された．

写真 2.2.60　エキスパンションジョイントの被害（エレベータ前）（Damage to an expansion joint）

写真 2.2.61　エキスパンションジョイントの被害（腰壁）（Damage to an expansion joint）

2.2.6　まとめ（Summary）

　以上，東北地域における非構造部材の代表的な事例を紹介した．従来の地震被害として典型的な被害も多いが，非構造部材といえども建物の損傷は大きく，人命に関わる安全性の確保，建物の維持保全のためにも，地震対策をさらに推し進める必要があると考えられる．
　特に天井被害に関しては，対策によって被害を低減できた可能性が伺える．実際に震災の被害状況から，天井脱落対策に係る一連の技術基準告示の改正などが進められている．今後，他の非構造部材に関しても，対応が期待される．

参考文献

1) 日本建築学会：2011 年東北地方太平洋沖地震災害調査速報，pp.120-143，2011.7
2) 三橋博三，西脇智哉，板垣直行，菊田貴恒：非構造部材の被害状況（特集 東日本大震災における建築物の被害報告（Part 1）東北），建築技術，No.740，pp.152-155，2011.9
3) 西脇智哉，板垣直行，菊田貴恒：日本建築学会東北支部 2011 年東日本大震災 災害調査報告，日本建築学会東北支部，pp.136〜141，2013.5
4) 三州瓦 CA 研究所：東日本大震災 被災地調査報告書　急がれるガイドライン工法の普及，概要版，2013.3

2.3 関東地方の被害 (Damage in the Kanto district)

2.3.1 外壁・外装材の被害の状況 (Damage situation of exterior wall and cladding)

2.3.1.1 被害の概況 (Outline of damage)

今回の地震被害は関東でも広範囲におよんでいる．外壁・外装材の被害についても軽微な被害を含めると全体像を把握することは難しい．非構造部材の被害調査については，このような広範囲を早急に調査することは難しかった．したがって，ある程度時間が経過したものが多く，撤去や復旧がはじまっていたため，正確な状況把握とはなっていない．また，今回は余震も多く，本震での破損なのか，その後の余震によるものなのかも，区別ができない．一方で，初動では確認できなかった被害で，時間が経過してから調査等で分かるものもあった．

本節は 2011 年東北地方太平洋沖地震災害調査速報[1] に書かれた内容をベースとし，既報[2,3]を参考に，関東の被害について大幅に加筆してまとめたものである．

外壁・外装材の被害の分布については，栃木県や茨城県である程度集中して発生している地域もあったが，多くの地域では点在していた．また，集中している地域でも，同時期の同様の構法の外壁で破損しているものとそうでないものがある．こうした状況については，今後詳細な被害原因の分析が必要であろう．

本パートでは被害の概要を示すため，外壁・外装材の被害の特徴的なものについて説明する．調査は非構造部材を中心に行った調査と，各県の被害報告による．

外壁・外装材の被害として広範囲に見られたものは，下記のものである．

① 木造戸建て住宅の瓦
② 木造戸建て住宅のラスモルタルなどの湿式外壁
③ 鉄筋コンクリート造の外壁タイル
④ 鉄骨造のラスシート
⑤ 鉄骨造の ALC パネル
⑥ ガラススクリーン
⑦ 窓ガラス
⑧ その他外壁材

①，②については広域で見られたが，その内容については木造の被害及び各県の被害報告などを参照されたい．ここでは③以下の被害に対して，典型的な事例を掲載して被害の状況を解説する．

2.3.1.2 鉄筋コンクリート造の外壁タイル (Tiles on reinforced concrete outer wall)

鉄筋コンクリート（以下 RC）造の外壁タイルについては，地震直後に破損が見つかる場合と，ある程度時間がたってから破損していたことが分かる場合がある．構造体の変形に対してタイル面との間に亀裂が生じた場合，タイルそのものが欠けるなどした場合，RC の壁面に亀裂が生じた場合などがある．各県で広範囲に点在している被害である．以下，事例を説明する．

事務所ビル（横浜市）では，南東側外壁でタイルの剥離が見られた．主として開口部廻りおよび目地周囲であった（写真2.3.1）．

写真 2.3.1 事務所ビルのタイルの破損 (Damage to tile on office building)

13 階建て庁舎（横浜市）では，北側妻面中央の階段室と思われる部分で，開口部廻りのタイル剥落とひび割れが見られた．RC 壁の亀裂に伴う，タイルの剥落・ひび割れと思われる．ほぼ全ての開口部廻りでタイルの損傷が見られた（写真2.3.2，2.3.3）．

写真2.3.2 庁舎の北西側外壁 (North west side exterior wall of a government office building)

写真 2.3.3 開口部まわりのタイルの破損（Damage to tile around openings）

写真 2.3.5 事務所ビル外壁の剪断ひび割れによるタイル剥離 （Peeling of tile due to shear failure of exterior wall）

9階建て事務所ビル（横浜市）の，横連窓まわりのタイルで欠け，一部脱落があった．開口部の隅部付近のタイルが剥離している．外壁はRC造で，調査時には全面ネットで養生されていた（写真2.3.4）．

2.3.1.3 鉄骨造のラスシート（Lath sheet on steel structure）

昭和30から40年代にかけて鉄骨造の外壁として普及していたラスシートが落下する事例が多数確認できた．東京都内から北関東にかけて広域で見られる．中越地震以降，これまでも多数確認されている．落下したものは，シートの取付け部分がさびていることが多い．

4階建て事務所ビル（宇都宮市）では，西側外壁のラスシートが脱落していた（写真2.3.6）．

写真 2.3.4 事務所ビル南東立面の開口部まわりのタイルの破損（Damage to tile around openings on south east elevation of an office building）

4階建て事務所ビル（水戸市）の1階入り口脇の壁にせん断ひび割れが見られ，他にも開口部廻りの外壁タイルの欠落があった．なお，この建物の周辺の事務所ビル，店舗外壁において同様のひび割れが多数見られた（写真2.3.5）．

写真 2.3.6 事務所ビル西面のラスシートの脱落（Falling down of mortar finish on lath sheet on west elevation of an office building）

3階建ての商業施設（宇都宮市）においても，ラスシートが脱落していた（写真2.3.7）．

非構造部材

写真 2.3.7 商業施設北西側のラスシートの被害（Damage to mortar finish on lath sheet on north west side of a commercial building）

住宅（水戸市）の3階部分のラスシートが崩落していた．1，2階がRC造で，3階をS造で増築したものと思われる（写真2.3.8）．

写真2.3.8 住宅の3階部分のラスシートの脱落（Falling down of mortar finish on lath sheet on 3rd floor of house）

8階建ての商業施設（水戸市）のラスシートが大規模に脱落していた（写真2.3.9）．

写真2.3.9 ラスシートの脱落（Falling down of mortar finish on lath sheet）

2.3.1.4 鉄骨造の ALC パネル（ALC panels on steel structure）

鉄骨造の ALC パネルの破損，または落下が多く見られた．とくに目地部分が損傷したもの，われがはいったものは多数見られた．2002 年に縦壁挿入筋構法から耐震性のより高いロッキング構法へと全面的に変更になっているが，被害事例の中で落下などの深刻な被害のほとんどが縦壁挿入筋構法であった．被害のほとんどが大きな層間変位を受けたためと思われるが，個々の建物でどの程度だったかは不明である．一部では内外装仕上げがALC パネルの層間変位追従を妨げたと思われるものもあった．また，天井によるパネルの損傷も見られた．被害が比較的多い地域でも，縦壁挿入筋構法で無被害のものもあった．

5階建ての事務所ビル（水戸市）では，4階東側外壁全体の ALC パネルが落下している．取り付けは縦壁挿入筋構法であることが確認されたが，脱落が何枚だったのかは不明である（写真2.3.10）．

写真2.3.10 事務所ビルの ALC パネルの脱落（Falling down of ALC panels of office building）

2階建ての工場（栃木県芳賀郡）では、ALCパネルの接合部の破損が見られた（写真2.3.11）。また、3階建ての工場（栃木県芳賀郡）では、最上階のALCパネルのみ脱落していた（写真2.3.12）。

写真2.3.11 工場のALCパネルの接合部の損傷（Damage at the joint of ALC panels of factory）

写真2.3.12 工場のALCパネルの脱落（Falling down of ALC panels on a factory）

3階建ての物流センター（栃木県芳賀郡）では、3階のALCパネルが脱落していた。1階車寄せの庇も損傷したものと思われる。2階から3階は、事務所部分を除いて吹き抜けと思われるが、その3階の損傷が目立つ。また、3階の事務所は内壁についても破損していた（写真2.3.13）。

写真2.3.13 物流センターのALCパネルの脱落（Falling down of ALC panels on a distribution center）

3階建て事務所ビル（宇都宮市）ではALCパネルの脱落、目地部分のひび割れ等が見られた。特に北面においては、ALCパネルが内装パネル材に拘束されたため、層間変位への追従が妨げられて脱落した可能性がある（写真2.3.14）。

写真2.3.14 事務所ビル北面のALCパネルの脱落（Falling down of ALC panels on the north side wall of an office building）

3階建て事務所ビル（水戸市）では、縦壁挿入筋構法によるALCパネルにタイル張り仕上げの外壁で、層間変位によりタイルが脱落し、建物2階隅部のALCパネルが脱落している。ALCパネルをまたいでタイルが張られており、タイル仕上げが層間変位への追従を阻害して脱落した可能性がある（写真2.3.15）。

非構造部材

写真 2.3.15 事務所ビルの ALC パネルの脱落 (Falling down of ALC panels on an office building)

ALC パネルの横張りではほとんど被害は見られなかったが，一部確認できたものを示す．大規模ショッピングセンター（越谷市）では，横張りの目地部に損傷が見られた（写真 2.3.16）．

スーパーマーケット（栃木県芳賀郡）では，横張りの ALC パネルに特異な損傷が見られる．内装の天井および柱・壁仕上げ材に損傷が見られるが，裏面の天井の野縁受けが衝突して ALC パネルが破損したと思われる（写真 2.3.17）．

写真 2.3.16 ALC パネルの目地部分の損傷 (Damage at the joint of ALC panels)

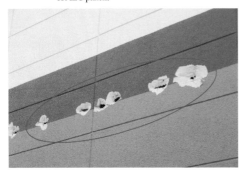

写真 2.3.17 ALC パネルの被害箇所 (Detail of the damaged ALC panels)

2.3.1.5 ガラススクリーン (Glass screen)

ガラスのショールームは，低層の鉄骨造に対してガラススクリーン構法のリブ構法を採用しているものが多い．これらのガラスが数多く破損している．通常はリブガラスが破損するが，今回は破損後時間がたってからの調査となっていたため，多くの場合破損状況が確認できていない．茨城県，栃木県で，破損している事例が確認されている．

事務所ビル（水戸市）では，低層部のガラススクリーン両側リブの構法によるスクリーンの大部分で，ガラスが崩落していた．なお，ガラスリブ部分では，ガラスリブの上部で割れが起こり，ガラス上端部のみが枠に残っているという被害も見られた（写真 2.3.18，2.3.19）．

写真 2.3.18 ガラススクリーン構法の被害 (Damage to glass constructed by glass screen construction method)

写真 2.3.19 ガラススクリーンのリブの被害 (Damage to glass screen rib)

2.3.1.6 窓ガラス (Window glass)

窓ガラスについては，数多く破損したと言われているが，数が膨大なのと，早期に直すことが多いため，被害

の全体像が把握できていない．通常窓ガラスの破損は，内部の家具などの衝突と，地震による建物の層間変位による破損があるが，後者は可動部ではほとんど起きず，はめ殺し部で発生しやすい．今回もはめ殺し部分のガラスの破損については数多く確認できた．それ以外に一部横連窓の被害，カーテンウォール形式の被害も見られた．

9階建ての事務所ビル（東京都港区）において，はめ殺し窓の破損が見られた．ここでは，6枚（3枚×上下2段）のガラスが1セットとなっている開口部で，下段は両端がはめ殺し，中央が可動となっている．破損したガラスははめ殺し窓のみで，可動部の被害は無い（写真2.3.20，2.3.21）．

写真2.3.20 事務所ビルのガラスの被害（Damage to glass on an office building）

写真2.3.21 事務所ビルのガラスの被害（Damage to glass on an office building）

RC造，8階建ての庁舎（横浜市）において，ガラス約30枚の破損が見られた．内5枚はシートで養生してあり，25枚はひび割れをテープで養生している状態であった．目視によると，破損したガラスは全てはめ殺しのガラスであると考えられる．ガラスのひび割れ形状等から判断すると，アルミサッシパテ止め構法と推察される（写真2.3.22，2.3.23）．

写真2.3.22 庁舎北東立面のガラスの被害（Damage to glass on the north east elevation of a government office building）

写真2.3.23 庁舎3〜4階のガラスの被害（Damage to glass on the 3rd and 4th floors of a government office building）

庁舎（東京都渋谷区）では，エントランスのはめ殺しガラスのひび割れが見られた．ガラスとめ材が，硬化性パテであったことが原因と推察される（写真2.3.24）．

写真2.3.24 庁舎のエントランスのガラスひび割れ（Crack of glass at the entrance of a government office building）

非構造部材

　5階建て事務所ビル（東京都渋谷区）の1階のはめ殺し窓のガラスのひび割れが見られた．ガラスとめ材が，硬化性パテであったことが原因と推察される（写真2.3.25）．

写真2.3.25 事務所ビルの1階のガラスのひび割れ（Cracks of glass on the 1st floor of an office building）

　9階建て事務所ビル（水戸市）の正面外壁の窓ガラスの多くに割れが見られた．窓の開閉方式は片引きであり，総じてはめ殺し部分のガラスが損傷していた（写真2.3.26，2.3.27）．

写真2.3.26 事務所ビルのガラスの被害（Damage to glass on an office building）

写真2.3.27 事務所ビルのガラスの被害（Damage to glass on an office building）

　3階建ての事務所ビル（水戸市）建物正面のいくつかのガラスが割れている．はめ殺しともカーテンウォール形式ともいえる事例（写真2.3.28）．

写真2.3.28 事務所ビルのガラスの破損（Breakages of glass on an office building）

　9階建ての事務所ビル（水戸市）では，西側外壁の窓ガラスが複数枚割れていた．横連窓のため窓部分で受ける層間変位角が大きくなるが，それに追従できずに損傷したと思われる．また，南西側隅部の凹凸状の外壁では，カーテンウォール形式のガラスの突き合わせ部分で割れている（写真2.3.29，2.3.30）．

第2章 初動調査による非構造部材の被害概要

写真 2.3.29 事務所ビル西面の横連窓の被害（Damage to horizontal composite windows）

写真 2.3.31 事務所ビル外観（Damaged exterior wall of an office building）

写真 2.3.30 事務所ビル南西隅部のガラス被害（Damage on a corner of glass curtain wall）

2.3.1.7 その他外壁材（Other finishing of outer wall）

その他外壁材は、湿式外壁のひび割れ、一部破損、乾式外壁のずれなどを含めると、多数の被害があり、全体像を把握することは難しい。ここでは比較的大きな被害を示す。

11階建ての事務所ビル（横浜市）のモルタル外壁が脱落した。4階から7階にかけての外壁が大規模に脱落している。RC壁の剪断亀裂に加え、RC壁と下地モルタルの付着が不十分であった事が原因ではないかと推察される（写真2.3.31～2.3.33）。

写真 2.3.32 4～6階のモルタル外壁の被害（Damaged mortar finish exterior wall on the 4th, 5th and 6th floors）

写真 2.3.33 落下したモルタル（Fallen down mortar）

ホテル（横浜市）の低層棟（平屋）において、1階開口部の上端の高さで、石材の一部浮きが見られた。調査時は、ガムテープで養生をする作業中であった。乾式石張りの接合金物の損傷か、もしくは、その下地となる部位のずれが原因と思われる（写真2.3.34）。

― 43 ―

非構造部材

写真 2.3.34 ホテルの外壁の石材の浮き (Deformation of stone on the exterior wall of a hotel)

写真 2.3.36 商業施設の軒天井の脱落 (Damage to panels under eaves of commeial building)

写真 2.3.35 隣接建物の衝突による外壁被害 (Damage to exterior wall by striking against the next building)

写真 2.3.37 脱落した軒天井 (Damaged panels under eaves)

湿式外壁の被害で，隣接する建物の衝突によるものがあった．3階建て鉄骨造と4階建てRC造（水戸市）の衝突により，外装のタイルと仕上げが破損していた（写真2.3.35）．

軒天の脱落は散見された．
商業施設(宇都宮市)の店舗の軒天井の脱落があった．外壁から外へ張り出した部分となっているため，大きな変形が生じた可能性がある（写真2.3.36，2.3.37）．

体育館（宇都宮市）南面のサッシ上部のモルタルがひび割れ，剥離していた．このサッシの場合，上枠を壁の中へ飲み込む意匠となっている事がひび割れの要因となっている可能性がある（写真2.3.38）．

写真 2.3.38 体育館のサッシ上部のモルタル剥離 (Peeling of mortar above the sash of a gymnasium)

高校（水戸市）の体育館の軒天井が脱落していた（写真2.3.39）．

写真2.3.39 体育館の軒天井の脱落 (falling down of panels under eaves of a gymnasium)

今回カーテンウォールはほとんど被害がなかった．しかし，一部プレキャストコンクリートカーテンウォールにおいて，目地部がずれているものがあった．取付け部の変形などの原因が考えられるが，ある程度詳細調査が必要である．

複合施設（横浜市）では，斜めの外壁のプレキャストコンクリートコンクリートカーテンウォールが面外にずれていた（写真2.3.40）．

写真2.3.40 PCカーテンウォールのずれ (Dislocation of precast concrete curtain wall)

2.3.1.8 今後の課題（Future issues）

関東地方の外壁，外装材の被害について，構法の材料別に解説してきた．こうした被害に対して，今後は詳細な原因分析が必要と思われる．しかし，広域に散見される被害のすべての原因分析が難しい．したがって，被害の多いものの被害率の確認，構法ごとの設計につながるような分析，構造体と非構造部材との双方の被害の比較などが重要と考える．

2.3.2 その他の非構造部材の被害（Damage to other non-structural elements）

2.3.2.1 被害の概況（Outline of damage）

その他の非構造部材の被害として見られたのは以下のものである．
① 内装
② エキスパンションジョイント
③ ガラスの防煙垂れ壁
④ 工作物など
⑤ ブロック塀など

以下，ここでは典型的な事例を掲載して被害の状況を解説する．

2.3.2.2 内装（Interior）

内装については，建物内部の被害であり，今回はほとんど調査できていない．一方で，内壁の破損は数多く発生していると思われる．仕上げのひび割れ等の軽微なものからパネルの脱落まであると思われる．内装の被害は，一般部分よりも階段室や吹き抜け周りで被害が起きやすい．

超高層ビル（新宿区）の避難階段では，内壁が破損しているものがあった．こうした被害は多数存在すると思われる（写真2.3.41）．

写真2.3.41 階段内壁の破損 (Damage to interior wall in a staircase)

鉄骨造の商業施設（さいたま市）の階段室まわりで，内部間仕切りのALCパネルにわれがはいっていた．また階段スラブにひび割れがはいったため，床仕上げが剥離していた（写真2.3.42，2.3.43）．

非構造部材

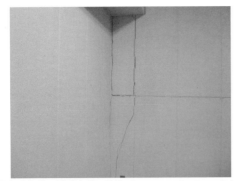

写真 2.3.42 階段内壁の破損 (Damage to interior wall in a staircase)

写真 2.3.43 階段床仕上げの破損 (Damage to floor finish in a staircase)

2.3.2.3 エキスパンションジョイント (Expansion joint)

エキスパンションジョイントの破損が多数見られた．隣接する構造体の衝突を防止するという点では機能したが，一方で補修しなければ雨もりなどの原因となる．

商業施設（横浜市）に付属の立体駐車場の外装で，エキスパンションジョイントまわりで金属外装の破損が見られる．エキスパンションジョイントの右が立体駐車場（写真 2.3.44）．

写真 2.3.44 エキスパンションジョイント周囲の金属外装の破損 (Damage to metal exterior finish around the expansion joint)

体育館（さいたま市）のエキスパンションジョイントが外れて脱落していた．この建物では，ガラスも数枚割れている（写真 2.3.45）．

写真 2.3.45 体育館施設のエキスパンションジョイントの破損 (Damage to expansion joint in a gymnasium)

体育館（宇都宮市）では，エキスパンションジョイント部の破損も見られた．大体育館と事務棟との渡り廊下部分に被害が確認された（写真 2.3.46，2.3.47）．

写真 2.3.46 体育館施設の天井の破損 (Damage to ceiling in a gymnasium)

写真2.3.47 体育館施設の渡り廊下のエキスパンションジョイントの破損（Damage to expansion joint in a connecting corridor of gymnasium）

東西に長い校舎を持つ小学校（宇都宮市）では，西から第1期棟，第2期棟，特別教室棟となっており，それぞれはエキスパンションジョイントで繋がっている（1978年第1期工事竣工，1981年第2期工事竣工，1993年特別教室棟竣工）．最も新しい特別教室棟が北側に傾いており，エキスパンションジョイントの部分破損等の被害が見られた（写真2.3.48～2.3.50）．

写真2.3.48 2階エキスパンションジョイントの破損（写真手前：第2期，奥：特別教室棟）（Damage to expansion joint）

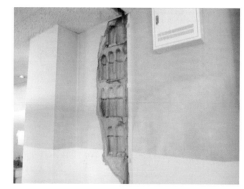

写真2.3.49 3階（写真手前：第2期，奥：第1期）エキスパンションジョイント及びコンクリートブロック壁の破損（Damage to expansion joint and concrete block wall）

写真2.3.50 4階（写真手前：第2期，奥：特別教室棟）奥の特別教室棟の左（北側）への傾き（Back class room building leans to the left）

大型店舗（成田市）では，駐車場の斜路のエキスパンションジョイントのカバーが変形に追従できず破損し脱落しかかっていた（写真2.3.51）．

非構造部材

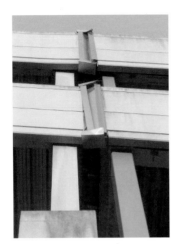

写真2.3.51 店舗駐車場のエキスパンションジョイントの破損 (Damage to expansion joint of a store parking building)

2.3.2.4 ガラスの防煙垂れ壁 (Smoke preventive hanging glass)

ガラスの防煙垂れ壁については，ショッピングセンターやスーパーなど低層で大規模な鉄骨造の建物に多数採用されている．これらは過去の地震でも多数破損していたが，今回も広範囲に多数の破損が見られる．本来は脱落防止のバーが設置され，柱などと接する端部に緩衝材をいれることが望ましいが，被害が見られた事例では，こうした措置がとられているものは少ない．破損は柱などの端部のみの場合と，全面にわたる場合がある．

商業施設（宇都宮市）では，ガラスの防煙垂れ壁のひび割れが見られる．この商業施設ではここ1箇所のみの被害であった（写真2.3.52）．

写真2.3.52 商業施設のガラス防煙垂れ壁のひび割れ (Crack of smoke preventive hanging glass in a commercial building)

商業施設（さいたま市）では，ガラスの防煙垂れ壁のガラスの破損は無いが，周囲の天井クロスの剥がれが見られる．防煙垂れ壁上端の見切材が脱落し，その際に天井クロスを破損したのではないかと推察される（写真2.3.53）．

写真2.3.53 ガラスの防煙垂れ壁の周囲の破損 (Damage around smoke preventive hanging glass)

商業施設（さいたま市）では，地震によって，ガラスが上端を支点に揺られたため，壁とガラスの納まり分が破損したものと思われる．ガラスのひび割れ等の被害は見られない（写真2.3.54）．

写真2.3.54 ガラスの防煙垂れ壁と接する壁の破損 (Damage to wall which borders on smoke preventive hanging glass)

2.3.2.5 工作物など (Sign boards)

数は多くはないが，看板，ペントハウスなどの被害が

見られた.

ホームセンター（宇都宮市）では，メインエントランス上部の看板部分のALCパネルが脱落していた．建物は平屋であるが，エントランス上部のみ，2層程度の高さまで，ALCパネルを立ち上げそれに看板が設置されていた．調査時は全面的な撤去が行われた後だったため，具体的にどのような脱落状況だったのかは不明である（写真2.3.55）.

く倒壊していた（写真2.3.58）.

写真 2.3.57 ブロック塀の倒壊（茨城県の被害より再掲）
（Falling down of block wall）

写真 2.3.55 ホームセンターのALCパネルを下地とした看板の被害（Damage to ALC made signboard in a store）

大型店舗（成田市）の塔屋部分におそらく看板等が設置されていたと思われるが，今回の地震で破損脱落した．幸いけが人等はなかったが，1階まで落下したという（写真2.3.56）.

写真 2.3.58 石積み塀の倒壊（茨城県の被害より再掲）（Falling down of masonry wall）

建築物の足下周りも数多く被害を受けていた.
RC造の図書館の足下も，地盤面とずれていた．出入り口周りでもずれている（写真2.3.59）.

写真 2.3.56 屋上看板の破損・脱落（Damage to sign board of the roof）

2.3.2.6 ブロック塀等（Block walls）

ブロック塀の倒壊も散見された（写真2.3.57）.
また，北関東に多数見られる大谷石を積んだ塀も数多

写真 2.3.59 建物の足下まわりの被害（Damage to basement）

非構造部材

　RC造のスタジアム（さいたま市）の足下では，外構の仕上となるタイルが破損していた（写真2.3.60）．

写真2.3.60 建物の足下まわりの被害（Damage to basement）

2.3.2.7　今後の課題（Future issues）

　その他非構造部材の被害もかなり多かったと推察されるが，その状況は把握できていない．今後の設計上対応すべき課題のあるものについては，原因分析を行う必要があると思われる．

謝辞

　本章は以下の方々の調査・資料をもとに作成されたものです．記して謝意を表します．井上朝雄（九州大学），兼松学（東京理科大学），田村雅樹（工学院大学）

参考文献

1) 日本建築学会：2011年東北地方太平洋沖地震災害調査速報，pp.120-143，2011.7
2) 名取 発，清家 剛，井上 朝雄，熊谷 亮平，江口 亨(2012)，「平成23年（2011年）東北地方太平洋沖地震における関東地方の非構造部材の被害　その1　外装」，「日本建築学会学術講演梗概集E-1分冊」，日本建築学会，pp.69-72，2012.9
3) 熊谷 亮平，清家 剛，名取 発，井上 朝雄，江口 亨(2012)，「平成23年（2011年）東北地方太平洋沖地震における関東地方の非構造部材の被害　その2　内装等」，「日本建築学会学術講演梗概集E-1分冊」，日本建築学会，pp.73-76，2012.9

第3章 学校建築における非構造部材の被害（Damage to non-structural elements in School buildings）

ABSTRACT

In this chapter, based on a total survey of damage by the "Public school facility disaster restoration project plan" submitted to the Ministry of Education, Culture, Sports, Science and Technology in 2011, we analyzed the damage caused by the Great East Japan Earthquake. The overall trend of the damage to non-structural elements in school buildings, gymnasiums, and martial arts hall is clarified.

As for the damage to the school buildings, there was damage in the ceiling of the classroom or corridor, but damage in other areas was small. As for the damage to the gymnasiums, many ceilings fell. In addition, there was many damage to the window glass and the exterior wall, and many internal lightings fell.

In the martial arts hall, the ratio of the ceiling damage was high compared with the damage to the other non-structural elements. The seismic resistance design of the ceiling of the gymnasium and martial arts halls should be considered necessary.

3.1 学校建築における被害調査概要（Outline of research of damage in school buildings）

3.1.1 はじめに（Preface）

東北地方太平洋沖地震では学校施設の非構造部材に多数の被害が生じた．本章では文部科学省に平成23年度に提出された「公立学校施設災害復旧事業計画書（以下，災害復旧事業計画書）」の全数調査に基づき[注1]，東北地方太平洋沖地震及び余震で生じた学校施設の非構造部材被害の概要を報告する．具体的には，学校施設のうち校舎，体育館，武道場等の非構造部材の被害の全体的な傾向を明らかにする．また，数多く報告された体育館と武道場等の天井被害については，今回の調査で得られた知見に基づき，非構造部材独自の被災度の分類を試みる．なお本章は既報[1),2)]をまとめたものである．

非構造部材の震動被害については，外観調査が可能な外壁などでは調査が行われてきた[3)]が，天井などの内部の被害については調査対象が限られており，被害の全容把握はこれまで行われていない．関連する既往研究では，深尾[4)]は，体育館の天井被害について調査し，構法の視点から被害状況を分析している．また，川口ら[5)]と萩ら[6)]は，体育館を含む大規模集客施設の吊り天井被害を複数の事例について比較し，天井の損傷メカニズムの考察をしている．しかし，いずれの文献も，多数の被害例に基づいた分析は行ってはいない．

また，東北地方太平洋沖地震およびその一連の地震において天井で多数の被害があったことが指摘されている[7),8)]が，その全体像は把握できておらず，被害の類型化はなされていない．数少ない類型化の試みとして，金子ら[9)]では，既報に基づいて非構造部材の被災度を3段階に分類し，天井構成材の被災度を「損傷・落下（大面積）」，「損傷・落下（一部）」，「軽微な損傷」と分けている．

3.1.2 分析対象と方法（Surveyed buildings and the method）

本章の分析対象は「公立小学校」「公立中学校」「公立高等学校」「中等教育学校」「特別支援学校」（以下，公立学校）の非構造部材の振動被害である．災害復旧事業計画書を提出した公立学校のうち，建物が津波被害を受けていないものは1895校ある．その中の1560校に何らか

表3.1.1 分析対象の都県における公立学校の総数[8)]と非構造部材に被害を受けた学校数（The number of public schools in the surveyed prefecture and the number of public schools which its non-structural element was damaged）

対象都県	青森	岩手	宮城	山形	福島	茨城	栃木	群馬	埼玉	千葉	東京	神奈川	新潟	山梨	長野	静岡	合計
公立学校の総数	595	655	780	497	868	944	661	618	1512	1474	2666	1656	904	347	703	991	15871
非構造部材に被害を受けた学校数と総数に対する割合(%)	14 (2.4%)	84 (12.8%)	356 (45.6%)	4 (0.8%)	344 (39.6%)	363 (38.5%)	161 (24.4%)	16 (2.6%)	19 (1.3%)	139 (9.4%)	10 (0.4%)	27 (1.6%)	18 (2.0%)	1 (0.3%)	2 (0.3%)	2 (0.2%)	1560 (9.8%)

非構造部材

　の非構造部材の被害が確認された．この件数は平成 23 年度に災害復旧事業計画書が提出された都県に立地する公立学校の約 10%を占める[注2]．その内訳を表 3.3.1 に示す．

　一つの公立学校は複数棟の校舎を持つことが多いため，校舎の被害件数は学校単位で集計した．一方，体育館と武道場等は建物ごとに集計した．その結果，体育館の分析対象は 1560 校の中に存在を確認できた 1553 棟となった．武道場等[注3]は，総数の把握が難しかったため，非構造部材に被害が認められた 100 棟を対象とした．

　分析対象とした非構造部材の被害を表 3.1.2 に示す[注4]．なお，建物本体の構造種別に関する影響は分析の対象外とした．

表 3.1.2　分析対象とした非構造部材(The non-structural element which was analyzed)

校舎	天井、ガラス、外壁、内壁、エキスパンションジョイント
体育館	天井、照明器具、運動器具(バスケットゴール等)、舞台上の壁、内壁、窓ガラス、外壁、軒天
武道場	天井、照明器具、内壁、窓ガラス、外壁、軒天

3.2 非構造部材の被害傾向（Trend in damage to non-structural elements）

3.2.1 被害の概要（Outline of the damage）

校舎における非構造部材の被害件数を図3.2.1に示す．校舎における天井の脱落被害は150件，破損は188件で確認され，調査対象の約22%にあたる計338件で何らかの被害があった．これらの天井被害には，特別教室，職員室，廊下などが含まれている．なお，本調査における「天井」は一般に吊天井のことを指しており，直張り天井や野地板のみの場合は「天井なし」とした．

内壁被害は調査対象の約53%にあたる821件で起きており，その大部分がクラックの発生である．校舎ガラスの割れは調査対象の約15%にあたる236件で見られた．外壁の被害は調査対象の約40%にあたる630件で被害が見られたが，そのうち脱落被害が21件で確認され，その他はクラックの発生である．エキスパンションジョイント（以下，EXP.J）の被害は調査対象の約52%にあたる806件あった．

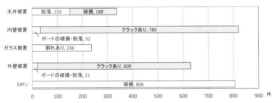

図3.2.1　校舎における非構造部材の被害件数（The number of damage to non-structural element in school building）

3.2.2 被害の傾向

上記の中で，対象物件全体の約22%ではあるが被害として深刻な天井の被害と，全体の半数以上の割合で報告されているEXP.Jの破損について，詳しく傾向を見た．

写真3.2.1，3.2.2に示すように，天井脱落被害は音楽室や大講義室など，面積が大きい，あるいは天井が折れた形状をしている教室などで大規模に脱落した事例があった．また，壁との取合い部などで天井が破損・脱落した事例が多くみられた．

躯体の被害を抑制するため，学校ではEXP.Jが校舎間や渡り廊下部分接続部などに設置される．しかし，写真3.2.3に示すように，EXP.Jカバーの脱落が同時に周囲の天井や内装を巻き込んで破損させる被害が多くみられた．また，写真3.2.4に示すように，外壁に取付くEXP.Jカバーが脱落した被害もあった．

都県ごとの，校舎の天井およびEXP.Jの被害件数を図3.2.2，3.2.3に示す．校舎の天井被害は福島，宮城が最も多く，次いで茨城，栃木である．

写真3.2.1　校舎の天井被害例1（Example of a damaged ceiling）

写真3.2.2　校舎の天井被害例2（Example of a damaged ceiling）

写真3.2.3　校舎のEXP.Jの被害例1（Example of a damaged expansion joint）

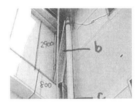

写真3.2.4　校舎のEXP.Jの被害例2（Example of a damaged expansion joint）

非構造部材

　EXP.Jの被害についても校舎における天井被害と同様に，宮城，福島などが多い．しかし，千葉県でも比較的多数破損しており，これらの傾向は一致しなかった．

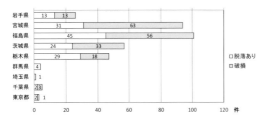

図3.2.2　校舎における天井の都県別被害件数（The number of damaged ceiling by prefecture）

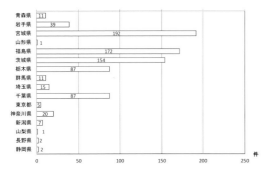

図3.2.3　校舎におけるEXP.Jの都県別被害件数（The number of damaged expansion joint in school buildings by prefecture）

3.3 体育館および武道場の天井被害（Damage to ceilings in gymnasium and martial arts hall）

3.3.1 体育館の天井被害（Damage to ceilings in gymnasium）

3.3.1.1 被害の概要（Outline of damage）

体育館の非構造部材の被害件数について図 3.3.1 に示す．対象とした体育館全1553 棟のうち，体育館の天井の有無について確認できたものは調査対象の約48%にあたる746 件，天井の有無が不明なものは807 件であった．また，天井の有無について確認できた体育館のうち，「天井なし」が550 件，「天井あり」が196 件であった．

また，本章における天井は体育館のアリーナの天井のみを対象としており，その部分の構造は鉄骨造であることが多い．一方でアリーナ以外のステージやギャラリー部に天井が張ってある場合があり，破損や一部脱落も多く見られるが，本章における体育館の天井被害には含めていない．

体育館の天井被害は152 件であり，調査対象に占める割合は約 10%，「天井あり」の体育館における割合は約 78%であった．その内訳は，「全面脱落」が25 件，「一部脱落」が88 件，「破損」が39 件である．人的被害につながりやすい全面脱落および一部脱落を合わせると113 件であり，体育館の天井被害の約74%を占める．したがって，天井が震動被害を受けた場合は，人的被害につながる危険性が比較的高いと思われる．

3.3.1.2 被害の傾向（Trend in damage）

天井脱落の被害のうち，鋼製下地などの下地を含み脱落しているものは大規模な脱落につながりやすく，また復旧においては下地ごと交換する必要があるため，図3.3.2 に示すように天井板のみの脱落（システム天井におけるグラスウールボードなど）の場合と分けて分析を行った．下地を含んで脱落した天井被害は40 件，天井板のみ脱落したものは73 件であった．被害程度別にみると，「全面脱落」では25 件中21 件が下地ごと脱落しており，写真3.3.1 に示すような大規模な崩落が起きている．「一部脱落」では88 件中69 件が「板のみ脱落」であり，復旧が容易なものも含まれていると思われるが，一方で「下地含み脱落」も一定数あり，注意が必要である．

体育館における天井の有無やその仕様は，自治体内の学校で共通していることが比較的多い．そこで，各地の震動の大きさに加えて，都県ごとの傾向を把握するため，図3.3.3 のように県別の天井被害数を集計した．また，図3.3.4 のように，天井被害の地域的傾向を地図にプロットして分析を行った．

天井の被害は茨城県で突出して多く，「全面脱落」が15 件あるなど被害の程度も大きい．「天井あり」と確認された196 件のうち，茨城県は91 件であった．これは地震動により大きく被害を受けたことに加えて，天井の張ってある体育館が多く存在していたことも示している．また，宮城県でも天井被害は集中している．図3.3.4 より，いずれの県においても，大きな被害を生じた地域は比較的集中していることがわかる．

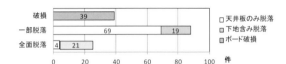

図 3.3.2 体育館の天井被害の内訳（The breakdown of damage to ceiling in gymnasium）

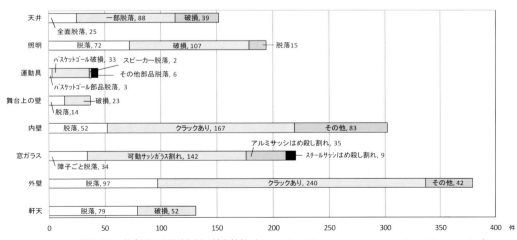

図 3.3.1 体育館の非構造部材の被害件数（The number of damage to non-structural elements in gymnasium）

非構造部材

写真 3.3.1 体育館の天井被害例 (The example of damaged ceiling in gymnasium)

体育館のアリーナの照明脱落被害は，調査対象の約5%にあたる72件で確認された．運動器具そのものの脱落はみられなかったが，部品脱落は3件，スピーカーの脱落が2件あった．

内壁や照明器具との取り合い部などで天井が破損，一部脱落する場合が多くみられた．図3.3.5に照明器具の都県別被害件数を示す．照明器具の脱落や破損被害については，天井被害の多い茨城県よりも，宮城県，福島県で多い傾向があり，地震動の大きさや建物の性質などにより，天井被害と照明器具の被害は必ずしも関連性があるわけではないことがわかった．

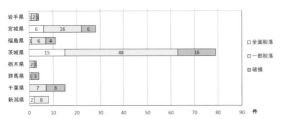

図 3.3.3 体育館の天井の都県別被害件数 (The number of damaged ceiling in gymnasium by prefecture)

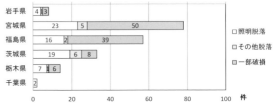

図 3.3.5 体育館の照明の都県別被害件数 (The number of damaged lightning in gymnasium by prefecture)

体育館の舞台上の壁は，脱落すると人的被害につながる危険性があり，過去の地震で脱落していることが報告されている[11]が，今回は舞台上の壁が脱落した体育館は14件と比較的少なかった．

体育館の内壁の被害は，調査対象の約19%にあたる302件であり，そのうち脱落被害は52件であった．体育館の窓ガラスの被害は，調査対象の約14%にあたる220件で見られ，うち可動サッシのガラスの割れが142件と最も多い．なお，写真3.3.2, 3.3.3に示すような障子ごとサッシが脱落した被害も34件で見られた．

体育館の外壁の被害は，調査対象の約24%にあたる379件と多く，そのうち脱落被害は97件であった．外壁の脱落被害については，ラスシートなどの古い外壁構法で多くみられ，またALCパネルの脱落も多くみられた．その他はクラックなどの被害である．軒天の脱落被害は，調査対象の約5%にあたる79件であった．

図 3.3.4 体育館の天井被害の分布 (The distribution of damaged ceiling in gymnasium)

写真 3.3.2 体育館窓ガラス被害例1 (Example of damaged glass windows in gymnasium)

写真 3.3.3 体育館窓ガラス被害例 2 (Example of damaged glass windows in gymnasium)

3.3.2 武道場等の天井被害 (Damage to ceilings in martial arts hall)

3.3.2.1 被害の概要 (Outline of damage)

武道場等の天井や外壁に被害のあった 100 棟を対象とした．構造種別は鉄骨造が多く，一部で木造と RC 造もある．非構造部材の被害件数を図 3.3.6 に示す．

武道場等の天井は，「全面脱落」が 3 件，「一部脱落」が 36 件，「破損」が 18 件の，調査対象の 57% にあたる計 57 件の被害があった．被害の傾向として一部脱落しているものが多いことがあげられる．一方でその他の非構造部材として，照明が計 20 件，内壁が 14 件，窓ガラスが 16 件，外壁が 18 件，軒天が 8 件の被害となり，天井の 57 件の被害が最も多いことが特徴である．

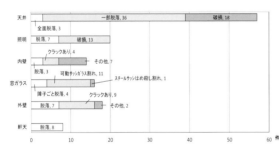

図 3.3.6 武道場等の非構造部材の被害件数 (The number of damaged non-structural in martial arts hall)

3.3.2.2 被害の傾向 (Trend in damage)

武道場等は内部を和風の仕上げとすることが多く，体育館と比較して天井が張られる傾向にある．対象とした 100 棟中，「天井なし」が 19 件，「天井あり」が 63 件であり，他の 18 件では天井の有無が不明であった．

体育館と同様に，一部破損の場合では，壁との取合い部などで破損する傾向がみられる．また，体育館の天井よりは折り上げなどの段差が多く，そこからの破損も多く見られた．図 3.3.7 に示すように武道場等の天井被害には，一部脱落の中でも下地を含んだ脱落が見られた．

都県別の被害状況を見ると，図 3.3.8 に示すように茨城県が 34 件と，天井被害の半数以上を占めている．武道場等自体は，各県において多くの学校で設置され，なおかつそのほとんどで天井が貼られているにも関わらず，被害状況にはこのように顕著な差が生じた．この原因は不明であり，今後詳細を調べる必要がある．

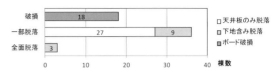

図 3.3.7 武道場等の天井被害の内訳 (The breakdown of damage to ceiling in martial arts hall)

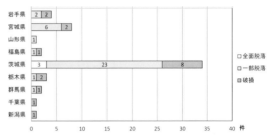

図 3.3.8 武道場等の天井の都県別被害件数 (The number of damaged ceiling in martial arts hall by prefecture)

3.3.3 天井被害の詳細分類 (Detailed classification of ceiling damage)

今回の調査では，体育館のアリーナの吊り天井の被害が 152 件，武道場等の天井被害が 57 件あった．これまでは，かなりの面積が脱落する「全面脱落」，何らかの天井板などが脱落する「一部脱落」，脱落を伴わないずれや板の破損を含む「破損」の 3 つに分けて判断していた．しかし，本章では数多くの被害をみることで，より詳細に分類することが可能となったため，本章独自の分類を試みる．被害の分類は，被害のパターンで分類する場合，被災の重要度で分類する場合，修復可能性で分類する場合などが想定される．今回は数が多かったので，相対的な被災度から被害の大きさ，深刻さを考慮して分類した．

被災度は無被害を含めて 6 段階に分けた．体育館のアリーナの吊り天井と武道場等，それぞれ同じ考え方としたが，武道場等のほうが規模が小さいため，全面という考え方が少し異なる．判断基準と，それに従って再集計した被害件数を表 3.3.1，3.3.2 に示す．

それぞれの考え方を以下に示す．

＜被災度 5　全面脱落＞

写真 3.3.1，3.3.4，3.3.5 のように，ひと続きの面が大きく脱落している，または比較的大きな部分脱落が全面で発生している状態．内部にいる場合は逃げ場が無く，甚大な人的被害が発生すると思われる．

<被災度 4　部分崩落>
　写真 3.3.6 のように，一部だがある一定の面積のひと続きの天井面が脱落している状態．その場所にいれば深刻な人的被害が発生すると思われる．

表 3.3.1　体育館の天井被害の詳細分類と被害件数（The detailed classification and the number of damaged ceiling in gymnasium）

天井被害の詳細分類		被害件数
被災度 5　全面脱落		
5-1	・面的に脱落している部分が全面（脱落面積およそ半分以上）（一続きで脱落している面が広い）	25
5-2	・面的に脱落している部分が数カ所で全体に広がっている（脱落 2,3 カ所以上，脱落面積およそ 1/3 以上）	
被災度 4　部分崩落		
	・面的な脱落が 1 カ所または 2,3 カ所（脱落面積およそ 1/3 以下）（面的に深刻な脱落が一カ所または部分的な脱落が数カ所）	12
被災度 3　一部脱落		
	・部分的な脱落（1 枚または数枚）が全体に広がる（点々と脱落し，脱落面積およそ 1/3 以下）	41
	・部分的な脱落（1 枚又は数枚）が数カ所（アリーナ上部）	
被災度 2　軽微な脱落		
2-1	・部分的な脱落（1 枚又は数枚）が数カ所（アリーナ上部の設備廻り）	35
	・部分的な脱落（1 枚又は数枚）が数カ所（取合い部または段差部）	
	・部分的な脱落（1 枚又は数枚）が数カ所（周辺部）	
2-2	・部分的な破損による破片の脱落	
	・パネル 1 枚が脱落	
被災度 1　破損		
	・一部破損またはずれ	39
	・全面にわたってずれ	
	・回り縁，見切り材など天井版以外の脱落のみ	
被災度 0　無被害		ー

表 3.3.2　武道場等の天井被害の詳細分類と被害件数（The detailed classification and the number of damaged ceiling in martial arts halll）

天井被害の詳細分類		被害件数
被災度 5　全面脱落		
	・面的に脱落している部分が全面（脱落面積およそ半分以上）（一続きで脱落している面が広い）	3
被災度 4　部分崩落		
	・面的な脱落が 1 カ所または 2,3 カ所（脱落面積およそ 1/3 以下）（面的に深刻な脱落が一カ所または部分的な脱落が数カ所）	10
被災度 3　一部脱落		
	・部分的な脱落（1 枚または数枚）が全体に広がる（点々と脱落し，脱落面積およそ 1/3 以下）	13
	・部分的な脱落（1 枚又は数枚）が数カ所	
被災度 2　軽微な脱落		
2-1	・部分的な脱落（1 枚又は数枚）が数カ所	13
2-2	・部分的な破損による破片の脱落	
	・パネル 1 枚が脱落	
被災度 1　破損		
	・一部破損またはずれ	18
	・全面にわたってずれ	
	・回り縁，見切り材など天井版以外の脱落のみ	
被災度 0　無被害		ー

<被災度 3　一部脱落>
　写真 3.3.7 のように，一部の脱落が一定以下の面積脱落している状態．人的被害の発生の確率は高いと思われる．

<被災度 2　軽微な脱落>
　写真 3.3.8 のように，天井面の破損と一部の脱落が見られるが，数カ所，数枚程度までの状態．人的被害の発生の確率は相対的に低いと思われる．

<被災度 1　破損>
　写真 3.3.9 のように，ずれや割れ，カケなどの破損のみで脱落が伴わない状態．人的被害の発生の確率はかなり低いと思われる．

<被災度 0　無被害>
　被害のない状態．
　このように被害を分類して，構造被害，あるいは天井形状などと詳細な分析を行うことで，被害パターンを明らかにし，原因究明とそれに基づく技術開発などの今後の対応の基礎データとなるように分析を進めることは有効であると考える．

写真 3.3.4　体育館の天井被災度 5（Level 5 damage to ceiling in gymnasium）

写真 3.3.5　武道場等の天井被災度 5（Level 5 damage to ceiling in martial arts hall）

写真 3.3.6　体育館の天井被災度 4（Level 4 damage to ceiling in gymnasium）

写真3.3.7 体育館の天井被災度3 (Level 3 damage to ceiling in gymnasium)

写真3.3.8 体育館の天井被災度2 (Level 2 damage to ceiling in gymnasium)

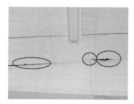

写真3.3.9 体育館の天井被災度1 (Level 1 damage to ceiling in gymnasium)

3.3.4 まとめ (Conclusion)

 以上,災害復旧事業計画書に基づき,東北地方太平洋沖地震および余震によって校舎・体育館・武道場等に発生した非構造部材の震動被害の全体傾向を明らかにした.

 校舎の被害としては,教室または廊下の天井被害があったが,それ以外の深刻な被害はきわめて少なかった.体育館の被害としては,天井の脱落被害だけでなく,窓ガラスや外壁,軒天等の被害,内部では照明の脱落も多かった.一方で武道場等では,非構造部材の被害の中では天井の比率が高かった.また地域に極端に偏りがあり,これについては要因が不明である.体育館と武道場等の天井については,多数の被害事例があったことから,天井被害の詳細な分類を行った.

 今後については,校舎の非構造部材に対する課題と,体育館,武道場等における天井に対する課題がある.校舎の被害については,学校単位で集計したものであり,例えば天井被害にも教室や廊下などが含まれている.今後はこれら被害があった建物を再集計して,詳細を分析する必要がある.体育館,武道場等における天井の被害要因分析のためには,構造被害との相関について分析する必要がある.さらに,天井の重さ,形状など他の情報との相関を見ることで,被害パターンをより詳細に分析することが必要である.また,天井の被害分布に地域の偏りが認められた点については,自治体特有の仕様の有無などについて分析が必要である.

3.4 校舎における天井被害（Damage to ceilings in school buildings）

3.4.1 はじめに（Preface）

東北地方太平洋沖地震及びその余震では、学校施設の非構造部材に多数の被害が生じた。既報[1]においては，自治体から2011年度に文部科学省に提出された「公立学校施設災害復旧事業計画書」（以下，災害復旧資料）より，校舎と体育館の非構造部材の震動被害について傾向を分析し，それを元に体育館と武道場の天井被害の被災度を分類した結果を報告した。

これまでの地震による非構造部材の震動被害については，外観調査が可能な外壁などでは調査が行われてきた[2]が，天井などの内部の被害については調査対象が限られており，被害の全容把握はこれまで行われていない。関連する既往研究では，深尾[4]は，体育館の天井被害について調査し，構法の視点から被害状況を分析している。また，川口ら[5]と萩ら[6]は，体育館を含む大規模集客施設の吊り天井被害を複数の事例について比較し，天井の損傷メカニズムの考察をしている。しかし，いずれの文献も校舎を対象とはしておらず，また，多数の被害例に基づいた分析は行ってはいない。これに対し，山田ら[6]は多数の被害例に基づき，学校施設の鉄骨造の体育館を対象に，非構造部材の震動被害と建物の構造的な特徴や構造が受けた震動被害との関係を分析している。他方，東北地方太平洋沖地震及び余震において天井で多数の被害があったことが指摘されている[7,8]が，その全体像は把握されていない。

そこで本章では，災害復旧資料に基づき[注1]，学校施設の校舎[注2]の天井被害の全体像を把握することを目的とした。調査対象として，岩手県，宮城県，福島県，茨城県，栃木県，群馬県，埼玉県，千葉県，東京都の9都県に限定し，公立の幼稚園，小学校，中学校，中等教育学校，高等学校及び特別支援学校のうち，天井に何らかの脱落被害[注3]があったもので，架構が木造等のものを除く205棟の校舎を中心に，天井の被害傾向等を調査した。

3.4.2 天井の震動被害の概要（Outline of damage to ceilings caused by an earthquake）

3.4.2.1 調査対象の概要（Outline of schools surveyed）

文部科学省の2012年の公立学校施設台帳に基づき，対象とした都県に存在する校舎のうち建築面積100m²以上の棟数を集計し，図3.4.1と3.4.2のように建設年と階数の傾向を把握した[注4]。ただし，これらの校舎に天井が張られているか否かを確認していないため，天井に脱落被害があった施設の傾向と比較をするには注意が必要である[注5]。

階数をみると，RC造は3階建てが最も多く，S造は1階建てが70%以上を占めていた。また構造種別に見ると，RC造では1970年代が最も多いが近年になるほど減り，S造でも同様の傾向があった。

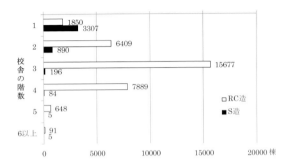

図 3.4.1 調査対象地域に存在する校舎の階数　構造種別（The number of floor levels of school buildings in the surveyed prefecture, by structural types）

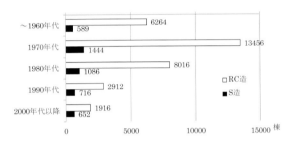

図 3.4.2 調査対象地域に存在する校舎の建設年代　構造種別（The construction year of school buildings in the surveyed prefecture, by structural types）

3.4.2.2 脱落した天井被害の傾向（Trend in ceilings which fell down）

以下の図における単位が「棟」の場合は建物単位で，「件」は室単位[注6]で集計している。なお，分析項目によって災害復旧資料から判断できるものが異なる[注7]ため，項目により母数が異なる場合がある。

(1) 校舎の構造種別，建年代別

天井が脱落した校舎は，RC造が151棟，S造が54棟であった。そのうち，建物の構造種別と建設年代が判明したRC造136棟，S造54棟の計180棟について図3.4.3のように分析した。

調査対象の都県に存在する校舎の割合からみると，比較的，鉄骨造架構の建物に被害が多いことが伺える。また，建設年代別を10年ごとに区切って比較したところ，RC造は1970年代と1980年代が多かった。一方S造は2000年代が最も多かった。

第 3 章　学校建築における非構造部材の被害

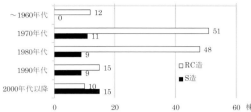

図 3.4.3　天井が脱落した校舎の建設年代　構造種別
(N=180)（The construction year of school buildings which ceiling fell down, by structural types）

写真 3.4.1　普通教室の天井脱落（Damage to ceiling in a classroom）

写真 3.4.2　廊下の天井脱落（Damage to ceiling in a hallway）

写真 3.4.3　特別教室（多目的室）の天井脱落（Damage to ceiling in a multi-purpose room）

写真 3.4.4　特別教室（音楽室）の折れ曲がり天井脱落（Damage to curved ceiling in a classroom for music）

(2)　天井が脱落した部屋の階

校舎の建物の階数と，天井脱落被害があった階[注8]を図3.4.4のように分析した．なお，図3.4.4と図3.4.5では，平屋の1階を含む建物の最も上にある階を「最上階」とし被害を集計しており，PHは除いている．

建物の最上階に天井脱落被害を受けていた校舎は，5階建てでは60％，4階建てでは56％，3階建てでは60％，2階建てでは69％であった．つまり，天井脱落被害を受けていた校舎の5割以上が，その最上階で被害があった．一般的に，高層になればなるほど地震時の揺れが強くなるため，建物の上層部ほど脱落被害が多くなる傾向があると言える．

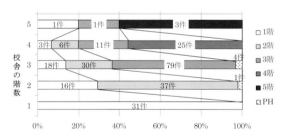

図 3.4.4　天井が脱落した部屋の階（N=266）（The floor number of rooms which ceiling fell down）

(3)　天井が脱落した部屋の用途

天井が脱落した部屋の用途を図面などの資料に記載されている部屋の名称に基づいて分類し，更に最上階にあるものを特定した．用途別の代表的な脱落被害を写真3.4.1～3.4.4に示す．

図 3.4.5 に示すように，最上階での被害は普通教室が70件のうち37件，音楽室や美術室などの特別教室が145件のうち91件，実習棟などの比較的小規模な建物である別棟が20件のうち12件，廊下が85件のうち34件，階段室が16件のうち0件，便所などのその他が15件のうち11件であった．すなわち，最上階で天井脱落の被害を受けた割合は他の各階に比べて高かった．

また，普通教室と特別教室，別棟の3つについて，廊下と階段室，その他を除いた「教室」に着目し，図3.4.6のように面積規模と高さで分類を試みた[注9]．すなわち，通常の面積（60m^{2}程度）の教室を「通常教室」，それより規模の大きい音楽室や美術室などを「大教室」とし，天井高については，3m以下のものを「通常天井高」，3

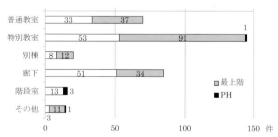

図 3.4.5　天井が脱落した部屋の用途（N=351）（The room use of rooms which ceiling fell down）

非構造部材

mを超えるか2層以上にわたる天井高のものを「吹き抜け」として分類した．なお，図3.4.4について，「吹き抜け」の場合はその部屋の床がある階で集計した．

これによると，通常教室のうち通常の天井高のものが53件，吹き抜けのものが3件，大教室で通常天井高のものが103件，吹き抜けのものが35件であり，大教室における天井脱落被害が多く発生している．一方，「吹き抜け」の教室にとどまらず，通常の天井高でも数多くの脱落被害が確認された．大教室の中には水平投影面積が200m^{2}を超える規模の天井も含まれており[注10]，大規模な面積になるほど落下危険性の範囲が広がり，安全な場所に退避することが困難となることから危険性が高くなる可能性がある．

以下の分析では，この「通常教室」と「大教室」の分類に従う．

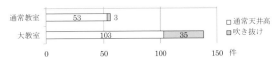

図3.4.6 天井が脱落した部屋の規模 (N=194) (The scale of rooms which ceiling fell down)

(4) 脱落した天井の形状

脱落した天井の形状[注11]は，図3.4.7のように平天井が272件，舟底天井6件，傾斜天井が8件，のこぎり天井が31件，アーチなどその他が7件であった．また，のこぎり天井について部屋の規模を比較すると，脱落したのこぎり天井は「大教室」のみで，そのうち「通常天井高」が28件と約90％を占めていた．なお，音楽室などは，音響環境を確保するため，反射性能を期待して折れ曲がりのある天井を設けることがあり，本調査ではそれを「のこぎり天井」として集計している．また，段差や折れ曲がりのある天井は，段差・折れ曲がり部分に局所的な力が作用し損傷することが指摘[13]されており，今般の天井被害においても，こうした天井の脱落被害が見られた．

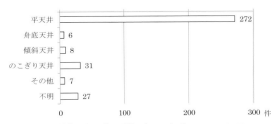

図3.4.7 脱落した天井の形状 (N=351) (The shape of ceiling which fell down)

(5) 脱落した天井の下地

脱落した天井は，図3.4.8のように吊り天井が341件[注12]，直天井が2件であった．下地別にみると吊り天井のうち，金属製下地のものが323件，木下地のものが18件であった．さらに，金属製下地の吊り天井のうち，在来天井が177件，システム天井が146件であった．

さらに，吊り天井のうち在来天井とシステム天井に着目し建物の建設年別が判明したものをみると，図3.4.9のように脱落したシステム天井は1970年代，1980年代の順に割合が高かった[注13]．一方，部屋の規模が判明したものをみると，図3.4.10ように脱落したシステム天井は「廊下」，「大教室で通常天井高」の順に割合が高かった．

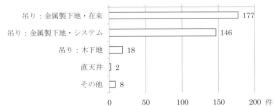

図3.4.8 脱落した天井の下地 (N=351) (The structural method of ceiling which fell down)

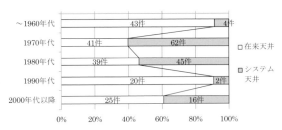

図3.4.9 脱落した天井の下地 建設年別 (N=297) (The structural method of ceiling which fell down by the construction year)

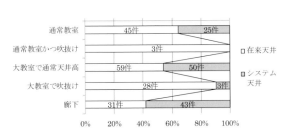

図3.4.10 脱落した天井の下地 部屋の規模別 (N=287) (The structural method of ceiling which fell down by scale of the room)

(6) 脱落した天井板の材料

脱落した吊り天井341件について板材の種別に集計すると，図3.4.11のようにグラスウールが2件，石膏ボードあるいはロックウール吸音板[注14)]が324件，判別が難しいものを含めてその他15件であった．

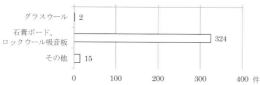

図3.4.11 脱落した天井板の材料（N=341）(The material of panels of ceiling which fell down)

(7) 脱落した天井の被害形態

脱落した天井の被害形態をみると，図3.4.12のように野縁などの下地を含む脱落114件，天井板のみの脱落が220件であり，下地を含む脱落は全体の脱落被害の34％あった．

これを天井の形状別にみると，図3.4.13のように下地を含む脱落は「のこぎり天井」で最も多く，次いで，舟底天井，傾斜天井に被害が多い傾向があった．また，下地の種類別でみると，図3.4.14のように金属製下地の「在来天井」と「システム天井」ではシステム天井の方が「板のみ脱落」の割合が多い一方で，システム天井でも「下地を含む脱落」被害が26％あった．

なお，学校施設の天井面は一般的に，鋼製下地に石膏ボードを取り付けてロックウール吸音板を仕上げ材として張っていることが多く，この場合の天井面構成部材[注15)]の単位面積質量は $10.2～13.1 kg/m^2$ [注16)] となる．下地を含む脱落は，人的被害の拡大につながるおそれがある．

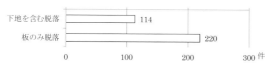

図3.4.12 脱落した天井の被害形態（N=334）(The damage level of ceiling which fell down)

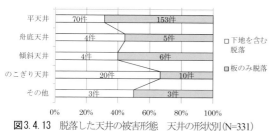

図3.4.13 脱落した天井の被害形態 天井の形状別(N=331)
(The structural method of ceiling which fell down by shape of the ceilings)

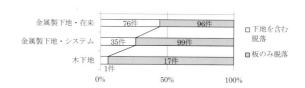

図3.4.14 脱落した天井の被害形態 天井の下地別(N=324)
(The structural method of ceiling which fell down by structural method)

(8) 脱落した天井の取合い

天井の取り合い部での脱落被害が確認された201件についてその部位・部材を確認したところ，図3.4.15のようにエキスパンションジョイントが37件，照明などの設備が36件，間仕切り壁が74件，外壁際が40件であった．

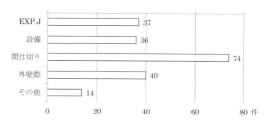

図3.4.15 脱落した天井の取合い（N=201）(The number of damaged ceiling which borders with other structures)

3.4.3 天井の震動被害の構造種別の傾向 (Trend in the structural type which ceilings fell down)

校舎の天井に脱落被害のあった建物について，構造の震動被害[注17)]との関係について確認したところ，RC造の校舎については，ほとんどの建物において構造被害は軽微であった．また，S造の校舎についても，ほとんどの建物で構造被害が報告されておらず，軽微，あるいは小破に留まっていた．このことから，構造形式に関わらず，天井震動被害と構造被害の間には明確な相関は見受けられなかったと言える．

また，図3.4.3に示した天井に脱落被害のあった建物の建築年代を見ても，RC造，S造ともに比較的新しく新耐震基準で造られている1990年代や2000年以降の建物でも天井の脱落被害が発生しており，構造の耐震性能に問題が無い施設も含め，天井の耐震対策が求められていると言える．

3.4.4 まとめ (Conclusion)

天井の震動被害については，RC造は1970年代と1980年代の建物の件数が多く，S造は2000年代が最も多かった．天井脱落被害があった階を分析したところ，建物の

最上階に被害が集中している傾向があることがわかった．そして天井が脱落した部屋の用途を分類し確認したところ，普通教室，音楽室や美術室などの特別教室，実習棟などの比較的小規模な建物である別棟も含め，最上階で天井脱落の被害を受けた割合は他の各階に比べて高かったことがわかった．また，のこぎり天井のように折れ曲がりのある天井は，折れ曲がり部分に局所的な力が作用し損傷する危険性が高まることが指摘されており，本章で調査した天井被害においてもこうした天井の脱落被害が見られた．最上階に位置する部屋で段差や折れ曲がりのある天井が設けられている場合は，一層の注意が必要である．

脱落した天井の被害の形態をみると，野縁等の下地を含む脱落は全体の脱落被害の3割超であり，特に，下地を含む脱落はのこぎり天井で最も多く，舟底天井，傾斜天井にも被害が多い傾向があることがわかった．天井板のみならず，下地を含む脱落は，人的被害の拡大につながるおそれがあり，一層の注意が必要と考えられる．

構造の震動被害や構造性能との関係については，新耐震基準の施設であっても，また，構造の被害が比較的小さいあるいは被害報告がないような場合であっても，天井の震動被害は発生していることから，構造体の耐震化が図られている施設も含め，天井の耐震対策が求められる．

謝辞

本章の被害調査は，文部科学省に設置された「学校施設における非構造部材の耐震対策の推進に関する調査研究協力者会議・天井落下防止等検討WG（主査：清家剛 東京大学准教授）において行ったものである．調査にあたっては，文部科学省防災推進室のご協力を得た．本章は，この結果を，日本建築学会の耐震性能等WG S+非構造S-WG（主査：山田哲 東京工業大学教授）において整理分析したものである．また，本章に用いた写真は全て，文部科学省防災推進室のご協力を得た．ここに記し謝意を表す．

参考文献

1) 清家剛，江口亨，熊谷亮平，佐藤考一，名取発，脇山善夫，井上朝雄，山田哲，島田侑子：東北地方太平洋沖地震および余震による学校施設の校舎と体育館の非構造部材の震動被害，日本建築学会技術報告集第44号，pp.405-410，2014.2
2) 江口亨，清家剛，熊谷亮平，松本由香，伊山潤，山田哲，椛山健二，楠浩一：東北地方太平洋沖地震および余震による学校施設の校舎における天井の震動被害，日本建築学会技術報告集第47号，pp.55-59，2015.2
3) 阪神淡路大震災調査報告編集委員会：阪神・淡路大震災調査報告 建築編-5 非構造部材 材料施工，日本建築学会，1998.3
4) 深尾精一：1978年伊豆大島近海地震による体育館の天井落下について，日本建築学会学術講演梗概集（北海道），構造系53，pp.541-542，1978.9
5) 川口健一，吉中進，大塚彩，片山慎一朗：新潟県中越地震と同中越沖地震における大規模集客施設内部の非構造材（吊り天井）被害の比較，日本建築学会技術報告集 第14巻第27号，pp.73-78，2008.6
6) 荻芳郎，川口健一，大矢俊治，片山慎一朗，熊谷祥吾，櫻井重喜：平成20年（2008年）岩手・宮城内陸地震または2008年7月24日の岩手県沿岸北部の地震による大規模集客施設の非構造材被害，日本建築学会技術報告集 第16巻第33号，pp.821-826，2010.6
7) 日本建築学会：2011年東北地方太平洋沖地震災害調査速報，日本建築学会，2011.8
8) 国土技術政策総合研究所，独立行政法人建築研究所：平成23年（2011年）東北地方太平洋沖地震被害調査報告，国土技術政策総合研究所資料No.674，建築研究所資料No.136，2012.3
9) 金子美香，神原浩，田村和夫：1995年兵庫県南部地震の被害調査に基づく非構造部材の耐震性評価，日本建築学会技術報告集 第17号，pp.563-566，2003.6
10) 文部科学省：平成24年度学校基本調査，2012.12
11) 日本建築学会：2000年鳥取県西部地震災害調査報告・2001年芸予地震災害調査報告，日本建築学会，2001.10
12) 山田哲，伊山潤，島田侑子，松本由香，長谷川隆，清家剛，中野達也，吉敷祥一：東北地方太平洋沖地震および余震による学校体育館の構造被害，日本建築学会技術報告集第44号，pp.133-138，2014.2
13) 国土技術政策総合研究所，独立行政法人建築研究所，新・建築士制度普及協会：建築物における天井脱落対策に係る技術基準の解説（10月版），2013.10

注

注1) 平成23年度には，16都県（表1参照）の9種類の公立学校施設（「公立小学校」「公立中学校」「公立高等学校」「中等教育学校」「特別支援学校」「幼稚園」「大学施設」「給食センター」）から総数2291件の災害復旧事業計画書が提出され（追加提出等の重複を含む），文部科学省に保管されていた．ただし原子力災害対策特別措置法に基づく立入禁止地域からは，当該年度に計画書は提出されていないと考えられる．
注2) 文部科学省の平成24年学校基本調査による．
注3) 本章では，武道場，格技場，卓球場など体育館以外の運動施設を「武道場等」と呼ぶ．

注4) 分析対象から除外した非構造部材の被害は，受水槽や配管などの設備機器，扉の破損，インターロッキングの破損，タイルなどの仕上げ材の軽微な破損，屋根瓦の破損，校舎の軒天，校舎の照明器具等である．

注4) 平成23年度には，16都県の9種類の公立学校等施設（「小学校」「中学校」「高等学校」「中等教育学校」「特別支援学校」「幼稚園」「大学施設」「給食センター」）について，2000件超の災害復旧事業計画書が文部科学省に提出された．ただし原子力災害対策特別措置法に基づく立入禁止地域からは，当該年度に計画書は提出されていないと考えられる．

注5) 本章では，普通教室や特別教室，実習室などの施設を「校舎」と呼ぶ．

注6) 「脱落被害」とは，何らかの部材が脱落したものを指し，例えば天井パネルが割れていても脱落していない場合は脱落被害には含まない．

注7) 注意が必要な場合として，地震動との関連性の分析がある．例えば，都道府県ごとの天井の被害率を算出するには，被害件数を，対象地域において天井がある部屋の件数で除するのが適当である．ただし，現地調査を行わず，災害復旧資料や公立学校施設台帳から天井がある部屋を特定するのは極めて困難であった．

注8) 建築面積が100m²未満の校舎には，倉庫や増築部分が多くある．そこで，図1と2では教室などがある校舎の傾向を把握するため，100m²以上の校舎を集計した．なお，公立学校施設台帳を参照したところ，天井脱落被害があった校舎205棟のうち100m²未満のものは3棟であった．

注9) 廊下の場合は，折れ曲がりなどがなく，ひと続きのものを1件と集計している．

注10) 同一の建物でも，天井が脱落した部屋の種別は判断できるが，部屋の規模や形状は判断できないものもある．

注11) この項目のみ，同一階で重複しないように集計した．例えば，ある階の3つの部屋で天井脱落被害があった場合，他の項目では「3件」であるが，この項目では「1件」として集計している．

注12) ただし，集計にあたっては教室の面積と階高が，写真や図面から判別できるものを対象とした．そのため，図5と図6では母数が異なっている．

注13) 本章の調査では，全ての部屋の面積を正確に把握することはできなかった．ただ，災害復旧資料に添付された図面などから，天井が脱落した部屋の中には，水平投影面積が明らかに200m²を超えるものが確認された．

注14) この被害のあった吊り天井341件について，吊り元の形式の確認を試みたところ，躯体からではなく二次部材を設けて吊っているものは災害復旧資料からは確認されなかった．従って，341件のほとんどが，躯体から吊っていると推測されるが，詳細は不明である．

注15) 平天井は勾配や段差等がないフラットな天井，舟底天井は中央が両端より高くなった山形の天井，傾斜天井は勾配のある天井，のこぎり天井はのこぎりの刃のような形をした折れ曲がりのある天井を指す．

注16) システム天井が普及したのが，1970年代～1980年代と言われている．

注17) これらの2つの材料は報告書の写真からは判別が難しかったため，合わせて集計した．

注18) 天井面を構成する天井板，天井下地材及びこれに附属する金物をいう．

注19) 参考文献9) p.23の表2.1「各種の吊り天井における天井面構成部材の単位面積質量」より．
構造の被災度区分については，日本建築防災協会発行「震災建築物の被災度区分判定基準および復旧技術指針」に基づき，無被害，軽微，小破，中破，大破に分類した．

第4章 非構造部材の部材別被害 (Damage to non-structural elements by type)

ABSTRACT

In this chapter, the results of surveys on damage to each construction methods for the glass, interior wall, exterior wall, and ceiling are written.

We classified the characteristics of the damage caused by earthquake to each construction method using glass, based on a field research. As for the glass screen construction method, the damage was particularly serious, so we carried out a complete survey in some area. We found that the damage rate is low for relatively new buildings.

Regarding to the damage to the ALC panel, a complete survey was carried out in the area where the damage was serious. It was found that the damage to the exterior wall by the old construction method with low seismic performance was more serious damaged.

Field survey was conducted on precast concrete curtain wall. It was found that the damage was small, but some damage could be related to the situation of the building.

Regarding to the ceiling, a questionnaire survey was conducted on administrative and construction associations. We were able to see the overall picture of the damage to a certain extent. To reveal the detailed cause of the damage, we conducted a field survey on buildings with serious ceiling damage. As a result, type of the ceilings such as the ceiling parallel to the roof surface of the mountain type frame were found to have serious damage. In addition, particular damage such as opening of a hanger was analyzed in detail.

4.1 部材別被害の概要 (Outline of damage by element types)

非構造部材の被害には，各部位別に調査が実施されたものがいくつかある．そのうち学識者が関わっているものについて，ここに掲載する．なお，ここに掲載されたもの以外にも，いくつか調査はある．

非構造部材では，各構法ごとに耐震設計の考え方や方法が異なる．したがって，部位別に被害を把握することで，それぞれの耐震性能との関連を丁寧に把握することが可能である．一方で今回の被害は広範囲で膨大な量だったため，全体像を把握することは難しい．しかしその中でも，ある程度網羅的に調査を行ったもの，エリアを限って調査したもの，かなりの数のアンケート調査を実施したものなどは，被害調査としての信頼性の高い情報と考え，これらを中心に取り上げた．

なお，過去の地震被害調査に比べて被害の範囲が広範囲だったことと，とくに内観調査についてはまとまったものが天井と ALC パネルの間仕切り以外になかったため，内外装及び天井の被害について掲載するにとどまっている．

内外装被害については，板ガラスの被害，ALC パネルの被害，プレキャストコンクリートカーテンウォールの被害について，掲載する．これらは主として外観による外装の被害調査が行われたものだが，板ガラスには一部の防煙垂れ壁の被害が，ALC パネルには間仕切りの被害が含まれているので，内外装としている．

4.2 ガラスの被害 (Damage to glass)

4.2.1 はじめに (Preface)

東日本大震災では，多くの非構造部材に被害が発生した．ガラスについても同様であり，様々なタイプの被害が発生している．ここではガラス被害の現状と傾向を示したうえで，今後の検討課題について考察していく．なおガラスの被害については，板硝子協会による報告書[2]が出されている他，学会でも報告[3),4)]がされている．本節ではこれらの内容をベースに大幅に加筆したものである．

4.2.2 ガラスの被害と傾向 (Damage to glass and its trend)

ガラスの被害について，代表的な傾向を示す．

4.2.2.1 はめ殺しの硬性パテ止めのガラス (Fixed window glass fastened with putty)

窓ガラスについては，はめ殺しでの被害が目立った．東北や北関東の震度が大きく被害も多かった地域だけではなく，東京都内や神奈川県などでも被害が散見された（写真4.2.1, 4.2.2）．これらはほとんどが，1978年（昭和53年）に宮城県沖地震をうけて改正された建設省告示109号で禁止された，硬性パテ止めによるものであった．こうしたガラスが今でも数多く残っていたことが今回の地震であらためて明らかになった．特に都市部においては，直接の人的被害だけでなく，主要な道路の交通の安全性にも関わることである．早急な改修が求められる．

写真 4.2.1 はめ殺しの窓ガラスの破損（横浜市）(Damage to fixed window glass)

写真 4.2.2 はめ殺しの窓ガラスの破損（郡山市）(Damage to fixed window glass)

はめ殺しの硬性パテ止めのガラスについては，阪神大震災でも数多くのガラスが大阪市内のビルで破損している．その報告によると，かなりのものが同じパテで復旧したと言われている．はめ殺しのガラスを窓枠ごと変更するとなると，多額の改修費用がかかる．そのため，緊急時には容易には対応できず，パテ止めのまま復旧されたのであろう．今回も同様のことは起こっているかもしれないが，飛散防止フィルムを貼るなどで応急的な対策をとることは必要だし，最終的には枠ごと取り替えることが望ましい．

4.2.2.2 ガラスの防煙垂れ壁 (Smoke preventive hanging glass)

ガラスの防煙垂れ壁は，大規模な施設で多用されている．特に駐車場を備えた鉄骨造の低層大型店舗で大量に使われている．これらが地震時に割れることは，以前から指摘されていたが，今回も大量に被害が発生していた．多くの場合，壁や柱との取合い部分近くで破損している．取合い部分には，変形に対応できるような十分な可動スペースをもった納まりとするべきだが，柱や壁など取合い部が多数あるため，実務ではなかなか実現されていない．また，ガラスの落下防止のバーが備わっていない耐震性の低いものの被害も多かった（写真4.2.3, 4.2.4）．

写真 4.2.3 ガラスの防煙垂れ壁 (Smoke preventive hanging glass)

写真 4.2.4 ガラスの防煙垂れ壁（Smoke preventive hanging glass）

4.2.2.3 DPG などの新しいガラスの構法（New method for fastening glass such as DPG）

DPG 構法や MPG 構法と呼ばれる強化ガラスを用いた外壁では，面全体でカーテンウォールのように性能を確認しながら設計する場合が多く，ほとんど被害が見られなかった（写真4.2.5，4.2.6）．

写真 4.2.5 無被害の MPG 構法（Metal point glazing system with no damage）

写真 4.2.6 無被害の DPG 構法（Dot point glazing system with no damage）

4.2.2.4 ガラススクリーン（Glass screen）

自動車販売店などで多く使われるガラススクリーンについては，被害が多数発生した．特に仙台においては，相当数のガラススクリーンが破損していた（写真4.2.7）．これについては，後述するように，詳細調査を行っている．

写真 4.2.7 ガラススクリーンの被害（仙台市）（Damage to glass screen）

4.2.3 板ガラスの被害（1 次調査）（Damage to window glass（Primary research））

4.2.3.1 序（Preface）

今回の地震は，広域に甚大な被害をもたらした．通常の地震の揺れによる被害だけでなく，津波の被害，液状化による地盤の被害などが，東北から関東までの広範囲で発生している．地震の揺れによる建物被害に限ると，構造的な被害は比較的少なかったが，屋根，外装，天井などの非構造部材の被害は甚大であった．

ガラスにおいても同様であり，窓ガラス，ショールームのガラス，ガラス防煙垂れ壁などの被害が確認されている．本節では，板硝子協会を中心に実施したガラス等の被害調査の結果について報告するものである．

4.2.3.2 調査の概要（Outline of the research）

地震によってガラス等がどのような被害を受けているかについて建物の被害との関連において調査するために，被災現地において建物外部および建物内部に入れるものについては建物内部からの目視による観察を実施した（1次調査）．1次調査にあたっては，建物の被害状況が比較的軽微な場合のガラス等の被害状況を中心に調査したため，津波による建物の被害状況は調査対象外としている．

特に被害が多いと思われたガラススクリーン構法については，広範な被害地域の中でも自動車販売店の絶対数が多いと思われる仙台市近郊を調査範囲とし，定量的調査（2次調査）と簡単な分析を行った．

本節では，二つの調査の概要を紹介し，1次調査の結果について報告する．2次調査結果については，4.2.4にて報告する．

4.2.3.3 ガラス等の被害状況の調査（1次調査）
（Research on damage to glass (Primary research)）

サッシ・カーテンウォール構法，特殊構法，ガラススクリーン構法，ガラス防煙垂れ壁等の地震動による被害の特徴を分類するために，建築物の振動による被害を中心に被害概要を調査するのを目的とした．

期間としては4月16日～17日，5月3日～4日に仙台市，岩沼市，名取市，亘理町，5月18日に水戸市，ひたちなか市，日立市，5月25日に郡山市，須賀川市，本宮市の調査を行った．

調査した地域は下記の通りである．
- 仙台市周辺地域および宮城県南部市町村の市街地周辺地域
- 茨城県水戸市，ひたちなか市，日立市周辺地域
- 福島県郡山市および周辺地域，ならびに福島空港

4.2.3.4 1次調査結果の概要（Outline of the result from the primary research）

被害調査は，
①仙台市周辺地域及び宮城県南部市町村市街地周辺，②茨城県水戸市，ひたちなか市，日立市周辺，③福島県郡山市および周辺地域，ならびに福島空港の3つの地域で実施している．

その結果を，地域の傾向を述べたうえで，1）都市型ビル建築，2）郊外型店舗建築，3）公共施設（・空港等），の3つに分けて被害の特徴を整理した．

①仙台市周辺地域および宮城県南部市町村市街地周辺
　都市化が進んだ地区のなかでは最も震源域に近く震度も大きかったと思われる．中心部の高層化も最も進んでいる．中心部の都市型ビル建築の被害は多くなかったが，郊外型店舗建築の被害が著しかった．

1）都市型ビル建築
- サッシ・カーテンウォール構法およびガラススクリーン構法のガラスの破損例は非常に少なかった．
- ガラス防煙垂れ壁のガラス破損・脱落例は見られなかった．

写真4.2.8（左）　サッシ構法窓ガラスの破損（Damage to glass fastened by sash）
写真4.2.9（右）　ガラススクリーン方立ガラスの破損（Damage to glass screen fastened by mullion）

写真4.2.10　特殊構法（破損なし）（Glass fastened by special method (no damage)）

2）郊外型店舗建築
- 構造体の破損は確認できなかったが，非構造部材の破損・脱落例が顕著であった．
- 非構造部材破損・脱落例の中でもガラス防煙垂れ

写真4.2.11（左）　カーテンウォールガラス等の破損（(left) Damage to glass curtain wall）
写真4.2.12（右）　ガラススクリーン面ガラスの破損（(right) Damage to glass screen）

写真4.2.13（左）　コーナー部等のガラスの破損（(left) Damage to corner glass）
写真4.2.14（右）　防煙垂れ壁柱周りの破損（(right) Damage to smoke preventive hanging glass around pillar）

壁,ガラススクリーン構法の破損・脱落が多く見られた.
・ガラススクリーン構法では,コーナー上部のガラスの破損が目立っていた.

写真 4.2.15　ガラス防煙垂れ壁の地震による振れの痕跡（Scratch by the smoke preventive hanging glass）

3)公共施設
・宮城県南部の市庁舎,町役場は古い建築が多く,内外装共に破損・脱落しているため,立ち入り禁止にしている施設が多かった.
・避難施設になっている体育館,市民センター等でも一部のガラスが破損したまま補修工事がされていない施設が数件あった.

写真4.2.16　1階まわり外装の破損（Damage to exterior around the first floor）

4)市街地商店街
・古い小規模店舗でのガラス破損事例が多かった.

写真4.2.17　ガラスの破損（Damage to glass）

②茨城県水戸市,ひたちなか市,日立市周辺地域
　震源域からの距離は近くないが,他の調査で都市型ビル建築の被害が散見されたとの報告がされている.郊外型店舗建築で仙台市近郊ほどではないが被害がみられた.

1)都市型ビル建築
・学会の調査[1]では被害が散見されたとの報告がされているが,板硝子協会の1次調査実施時には既に補修工事が終了したと見え,破損状況は確認できなかった.

2)郊外型店舗建築
・仙台市近郊ほどではないが自動車販売店ショールームのガラススクリーン構法で被害例が見られた.
・特にガラス防煙垂れ壁の被害が大きかった.

写真4.2.18（左）　ガラススクリーン構法のガラス破損（(left) Damage to glass screen）
写真4.2.19（右）　壁下枠付き防煙垂れの様子（(right) Damage to smoke preventive hanging glass with bottom frame）

写真4.2.20　ガラスからボードへ変更（Transition of glass to board）

3)公共施設・空港等
・合同庁舎等では,一部の窓ガラスの破損が見られた.
・茨城空港の建物について天井およびガラス被害の報道があったが,既に改修されており確認はできなかった.

③福島県郡山市および周辺地域,ならびに福島空港
　福島県内の都市の中では被害が大きかったと思われる.都市型ビル建築の被害も見られたが郊外型店

舗建築の被害も大きかった.

1) 都市型ビル建築
- 補修中のビルが多く，被害が大きかったことがわかった.
- 郡山駅構内のDPG構法によるガラス手摺りのガラス破損は見られなかった.
- ガラス防煙垂れ壁（下枠カバー材有り）は，端部が柱・壁へシールで接合されているタイプであり，ガラスの破損・脱落は見られなかった.

写真 4.2.21（左） 補修中の中層建築物（(left) Building in repair）
写真 4.2.22（右） 防煙垂れ壁（(right) Damage to smoke preventive hanging glass）

2) 郊外型店舗建築
- 大型家電販売店の被害は著しく，全面営業停止となっているものも見られた.
- 2～3階建の場合，上位階の天井落下等の被害が大きく，1階は修復し営業再開しているものの，上位階は修復に2ヵ月を要したところや，修復中で6月中旬に営業再開を予定しているところもあった.
- 多くの自動車販売店ショールームで，ガラススクリーンのガラス破損例が見られ，修復が進んでいない状況であった．シート等で覆いがされたまま，あるいは破損した面ガラス等を合板で挟んで固定して営業している店舗が多く見られた．破損のなかったショールームは，面ガラスの高さの低い小規模店か，あるいはサッシ構法の場合が多かった.
- ガラス防煙垂れ壁は，天井落下に伴って，ガラス防煙垂れ壁もほぼ一緒に破損・脱落したとの情報をヒアリングにて得た.
- 柱や壁周り，コーナー部のガラス防煙垂れ壁のガラス破損・脱落が多く見られたが，下枠カバー材があるタイプは，柱や壁周りを除いてガラスの脱落を免れているのが見られた.

写真 4.2.23（左） ガラススクリーン構法の面ガラスの被害（(left) Damage to glass screen）
写真 4.2.24（右） 防煙垂れ壁コーナー部ガラスの破損状況（(right) Damage to smoke preventive hanging glass corner）

写真 4.2.25 壁下枠付き防煙垂れの様子（Smoke preventive hanging glass with bottom frame）

3) 公共施設・空港等
- 郡山市役所は閉鎖されており，窓ガラスが多く破損しているのが見られた.
- 須賀川市役所でも，窓ガラスが破損していた．また，外壁材のクラック，剥離・脱落等が見られた.
- 本宮市役所は新しい建築物であり，外観からはガラス等の被害は見られなかった.
- 福島空港ビルは，建物の内・外ともガラスの被害はなかった．唯一，管制塔のガラスが落下したとの情報をヒアリングにて得た.

写真 4.2.26 郡山市役所の窓ガラスの破損（(Damage to glass)）

4.2.3.5 まとめ（Conclusion）

これまで整理した3つの地域の被害のうち，1) 都市型ビル建築と2) 郊外型店舗の2つについて，被害のみら

れた4つの構法,「サッシ・カーテンウォール」,「ガラススクリーン」,「ガラス防煙垂れ壁非耐震タイプ」,「ガラス防煙垂れ壁耐震タイプ」のそれぞれの傾向を表4.2.1に整理した.なお,ガラスの防煙垂れ壁の耐震タイプとは,ガラスの下部に脱落防止の金物が通り,かつ壁や柱と接する面にそれらとのずれを吸収する緩衝材を設けたタイプを指し,それらがないものを非耐震タイプとした.

いずれもある程度被害が大きいと想定された地域であったが,地域ごとの差でみると,仙台などの郊外型店舗の被害が比較的大きいといえる.また,構法については,ガラススクリーン構法とガラスの防煙垂れ壁の非耐震タイプの被害が大きかった.一方で,DPG構法など,比較的新しいガラスの構法においては,目立った被害は見受けられなかった.

被害の大きかったガラススクリーン構法については,低層の鉄骨造の建築物に取り付けられることが多く,構造体との関係などを含めた検証が必要と思われる.

表4.2.1 ガラスの被害状況まとめ（Chart on the damage to glass）

調査地域 / 構法			都市型ビル建築		郊外型店舗	
			一般ビル	百貨店	自動車販売店ショールーム	大型ショッピングセンター・家具販売店・家電販売店等
①	仙台市周辺地域および宮城県南部市町村市街地周辺地域	サッシ・カーテンウォール	破損例非常に少ない	破損例見られず	破損例非常に少ない	破損例少ない
		ガラススクリーン	破損例非常に少ない		破損例多い	
		ガラス防煙垂れ壁非耐震タイプ		破損・脱落見られず		破損・脱落多い
		ガラス防煙垂れ壁耐震タイプ		破損・落下見られず		破損例あったが優位差あり
②	水戸市・ひたちなか市・日立市周辺地域	サッシ・カーテンウォール	他の調査団では被害が散見・甚大との報告がされているが,		小規模店舗等で改修中散見	
		ガラススクリーン	補修工事が終了したと見え,破損状況は確認できず		破損例多い	
		ガラス防煙垂れ壁非耐震タイプ				破損・脱落多い
		ガラス防煙垂れ壁耐震タイプ				破損例あったが優位差あり
③	郡山市・須賀川市・本宮市周辺地域	サッシ・カーテンウォール	補修中のビルが散見されたが,ガラス破損有無は確認できず		確認できず	
		ガラススクリーン	破損例見られない		破損例多い	
		ガラス防煙垂れ壁非耐震タイプ	破損・脱落見られず			破損・脱落多い
		ガラス防煙垂れ壁耐震タイプ				破損例あったが優位差あり

注）掲載した写真の内企業名又は店舗名がわかるものについては,画像処理によって名称が読めないようにしているが,当該被害部分の画像については変更してない.

4.2.4 ガラススクリーン被害（2次調査）（Damage to window glass（Secondary research））

4.2.4.1 序（Preface）

4.2.3.3では,調査の全体像と被害の概要を述べている.被害の概要にもあったように,今回の地震において,ガラススクリーン構法の被害が大きかった.

そこで,2次調査として,4.2.3.3の調査地域の中でももっとも被害の大きかった仙台市近郊において,自動車販売店のガラススクリーンについて調査を行った.

ここでは,その調査結果と傾向の分析および考察について報告する.

4.2.4.2 ガラススクリーン構法の概要と地震時の挙動（Outline of glass screen and its behavior under earthquake）

調査対象としているガラススクリーン構法の概要と,地震時の挙動については,調査結果の前提となるので,ここに整理しておく.

非構造部材

ガラススクリーン構法は，商業施設などの低層部の開口部として用いられる構法で，床から天井までを大きなガラス面で構成する構法であり，通常の金属製方立の代わりにガラスを方立として用い，面ガラスと方立ガラス管の接合にはシリコーン系シーリング材によって接合される工法のことをいう．

ガラススクリーン構法には，ガラス自重を下枠で支える「自立型」と，ガラスを梁やスラブ等から吊り下げ金具によって吊り下げる「吊下げ型」の2種がある．また，方立ガラスを面ガラスの片側に設置するものと両側に設置するものがある．

写真4.2.27 ガラススクリーン (Glass screen)

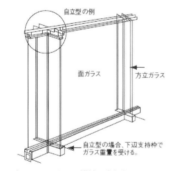

図4.2.1 ガラススクリーン構法の例 (Example of glass screen structure) [4]

ガラススクリーンの耐震性は，設計する建物の層間変形角を確認したうえで，ガラスの挙動を想定し，
- シーリング材の選択
- 方立ガラスと面ガラス間，面ガラスどうしの目地幅の検討
- ガラス（方立，面とも）とサッシ（上下，端部）間のエッジクリアランスの検討
- コーナーガラス部分の破損対策

のそれぞれについて設計することが必要となる．

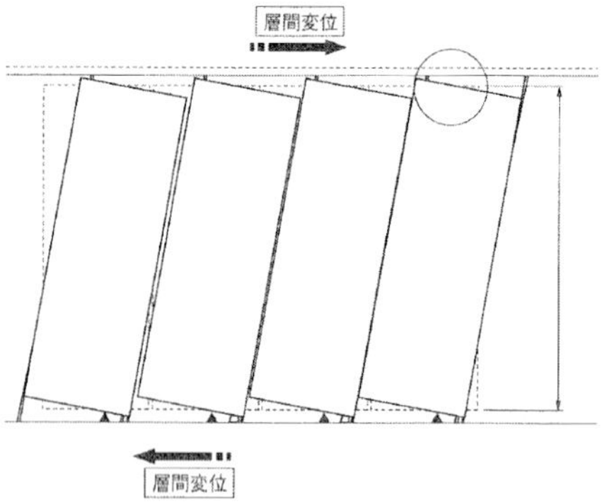

図4.2.2 層間変位によるガラススクリーンの挙動 (The behavior of glass screen under correlation displacement) [4]

また，ガラススクリーンの地震被害の特徴は，方立ガラスの破損が多くみられることにある．

これは，ガラススクリーンに面内方向の層間変位が加わった場合，面ガラスが面内方向に動き，方立ガラスは面ガラスとの目地シールと上枠によって，方立ガラスの面外方向へと動くことになる．

このとき，目地と上部の枠が一致して動けば，通常目標とする層間変位に対しては方立ガラスが傾くことで追従可能である（図4.2.3）が，面ガラスと上部の枠の間のシール切れなどがあった場合，枠とガラスが別々に動くことがある（図4.2.4）．この時，方立ガラスは上部を枠に固定されているため，面ガラスの動きとの間にずれが生じ，局部的な変形が生じて方立ガラスの一部が破損することとなるからである．

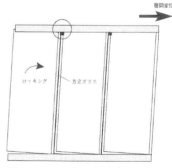

図4.2.3 上枠とガラスが一体で動く場合 (Upper frame moving together with the glass) [4]

第4章 非構造部材の部材別被害

図4.2.4 上枠とガラスが別々で動く場合（Upper frame moving differently with the glass）[4]

4.2.4.3 2次調査結果の概要（Outline of result from the secondary research）

仙台市郊外において，ガラススクリーン構法の被害調査を行った．

仙台市近郊における自動車販売店のガラススクリーン構法の被害状況の調査（2次調査）
①調査目的
　本調査では，ガラススクリーン構法が多く使われる自動車販売店に焦点を当て，ガラススクリーンの破損，被害状況を把握することを目的とした．
②調査期間
　第1回調査：5月〜6月
　第2回調査：8月〜9月
③調査地域
　JR仙台駅から10km圏内，もしくは10km周辺の幹線に所在する自動車販売店：148店舗
④調査方法
　JR仙台駅から10km内に所在する自動車販売店のリストアップし，対象先への直接訪問によるヒアリングと一部実測等により行った．

本調査は，JR仙台駅を中心として10km圏内の自動車販売店のうち，ガラススクリーン構法を採用されているものに限り，現地にて被害の有無，被害の状況等について，ヒアリングおよび一部実測等により行った．その調査結果から「ガラススクリーン高さ」，「建物竣工年」，「使用ガラス板厚」ごとの被害の状況について分析を行った．

①当調査の調査範囲と調査対象建物用途について
・JR仙台駅を仙台市の中心と見立て，その周辺に所在する自動車販売店の位置確認を行った結果，JR仙台駅から10km圏内に集中していることがわかった．そのため，JR東日本仙台駅から10km圏内

および10km周辺の幹線に所在する自動車販売店を対象とした．対象とした自動車販売店の総数は148店舗である．
・ガラススクリーン構法の調査を行うにあたり，同構法を多く採用されている実績より，建物用途を自動車販売店と限定した．

②調査結果
1）調査結果の全容
・調査対象店舗のうち，ガラススクリーン構法を採用されていた店舗数は，86件であった．
（対象とした自動車販売店のうちの58%）
本調査の分析は，そのうちヒアリング調査の行えた総数76件について行った．

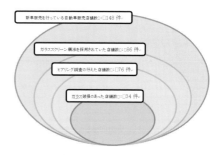

図4.2.5 調査対象店舗件数（The number of store researched）

・ヒアリングの行えた店舗のうち，面ガラス部あるいは方立ガラスにガラス破損のあった店舗数は34件であった．
・ヒアリングの行えた店舗のうち面ガラス部及び方立ガラスの両方にガラス破損のあった店舗数は18件であった．
・ヒアリングの行えた店舗のうち，面ガラス部にのみガラス破損のあった店舗数は14件であった．
・ヒアリングの行えた店舗のうち，方立ガラスにのみガラス破損のあった店舗数は2件であった．

図4.2.6 調査結果の全容（Overview of the result）

2）条件別調査結果分析
・エリア別分析
　仙台市郊外の中でも，ガラス等の被害では，地域

非構造部材

的な被害の差があると言われている．その傾向を明らかにするために，対象エリア別の被害分析を行った．その結果，卸町，中央，山田の各地区では，半数以上に何らかの被害があり，その他の地域では被害無しが半数以上という傾向が見られた．

表4.2.2　エリア別分析結果（Result by area）

（件：下段カッコ内は調査総数に対する割合）

エリア名	調査総数	どちらかが被害	無被害	面ガラスに被害	方立ガラスに被害	どちらにも被害
泉	22	8 (36%)	14 (64%)	7 (32%)	4 (18%)	3 (14%)
卸町	18	10 (56%)	8 (44%)	10 (50%)	6 (33%)	6 (33%)
中山・吉成	10	2 (20%)	8 (80%)	2 (20%)	2 (20%)	2 (20%)
中央	4	3 (75%)	1 (25%)	2 (50%)	1 (25%)	0 (0%)
連見塚・名取	13	5 (38%)	8 (62%)	5 (38%)	2 (15%)	2 (15%)
山田	9	6 (67%)	3 (33%)	6 (67%)	5 (56%)	5 (56%)

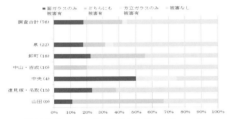

図4.2.7　エリア別分析結果（Result by area）

・ガラススクリーン高さ別分析

　ガラススクリーン構法は，地震時の挙動を考えれば，本来リブから破損するはずである．しかし，今回面ガラスの被害が比較的多かったことから，スクリーンの高さが何らかの影響を及ぼしている可能性があると考えた．しかし，高さ別の被害の傾向を見ると，ほとんど同じ割合，傾向にあった．もともと面ガラスはのみ込みが大きく，大きな面内変形に耐えられるが，高さによる傾向に差が見られないということは，やはり面内変形が原因ではないと推察される．

表4.2.3　ガラススクリーン高さ別分析結果（Result by the height of glass screen）

（件：下段カッコ内は調査総数に対する割合）

高さ	調査総数	どちらかが被害	無被害	面ガラスに被害	方立ガラスに被害	どちらにも被害
～2,999 mm	11	5 (45%)	6 (55%)	5 (45%)	3 (27%)	3 (27%)
3,000 mm～3,999 mm	31	14 (45%)	17 (55%)	13 (42%)	7 (25%)	6 (18%)
4,000 mm～4,999 mm	18	8 (44%)	10 (56%)	7 (38%)	5 (28%)	4 (22%)
5,000 mm～	16	7 (44%)	9 (56%)	7 (44%)	5 (31%)	5 (31%)

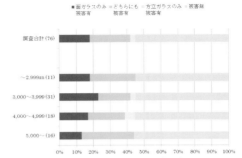

図4.2.8　ガラススクリーン高さ別分析結果（Result by the height of glass screen）

・建物竣工年別分析

　建物の竣工年別に被害傾向を見ると，1996年以降の被害率が減っていることが顕著である．1980年以前と以降ではそれほど差が無い．原因としては，単純に新しいものの性能が高かったのか，あるいは1995年の阪神大震災をうけて耐震に関する意識が高まったためとか様々な技術資料が充実したことなどが考えられる．

表4.2.4　建物竣工年別分析結果（Result by the construction date of the building）

（件：下段カッコ内は調査総数に対する割合）

竣工年	調査総数	どちらかが被害	無被害	面ガラスに被害	方立ガラスに被害	どちらにも被害
～1980年	8	5 (63%)	3 (38%)	5 (63%)	2 (25%)	2 (25%)
1981年～1985年	7	6 (86%)	1 (14%)	6 (86%)	4 (57%)	4 (57%)
1986年～1990年	14	7 (50%)	7 (50%)	5 (38%)	6 (43%)	4 (29%)
1991年～1995年	15	9 (60%)	6 (40%)	9 (60%)	6 (40%)	6 (40%)
1996年～2000年	15	3 (20%)	12 (80%)	3 (20%)	1 (7%)	1 (7%)
2001年～2005年	9	1 (11%)	8 (89%)	1 (11%)	0 (0%)	0 (0%)
2006年～	8	3 (38%)	5 (63%)	3 (38%)	1 (13%)	1 (13%)

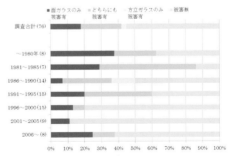

図4.2.9　建物竣工年別分析結果（Result by the construction date of the building）

・ガラススクリーン板厚別分析

スクリーン板の厚さによる傾向があるかどうかを分析すると,面ガラス及び方立ガラスのガラス板厚 19 ミリ以上の場合,被害率が 75%と高かった.4 事例中 3 件の被害で,事例数が少ないためとはいえ,厚いガラスで被害が大きかったのは,面外方向の動きに多少なりとも悪影響を受けたか,そもそも重いガラスであったことが何らかの影響を受けた可能性がある.

表 4.2.5　ガラススクリーン板厚別分析結果（Result by the thickness of the glass）

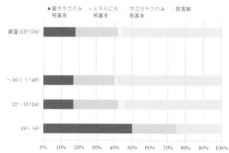

図 4.2.10　ガラススクリーン板厚別分析結果（Result by the thickness of the glass）

・方立ガラス板厚別分析

方立ガラスの板厚による傾向があるかどうかを分析したところ,21 ミリ以上は 4 事例ながら被害が無かった.スクリーンが 19 ミリ以上の被害が大きかったのに対して,方立が厚いことは,特段影響がなかったと思われる.

表 4.2.6　方立ガラス板厚別分析結果（Result of mullion glass by thickness）

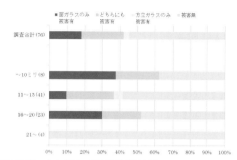

図 4.2.11　方立ガラス板厚別分析結果（Result of mullion glass by thickness）

4.2.4.4　まとめ（Conclusion）

ガラスを方立としたガラススクリーン構法は大規模な地震が発生した際に,近年設計されたカーテンウォールに比べ,被害報告が多く寄せられていた.そこで板硝子協会では今回クローズアップ調査を行い,これまでに類を見ない件数の情報を収集した.

本来詳細調査では,図面を収集し,ガラススクリーンの耐震性に影響のある面クリアランスなども分析すべきであったが,被害が甚大かつガラスの撤去後であり,そこまでの詳細調査ができなかったのは残念であるが,ある程度の傾向を把握することができた.

その結果,ガラススクリーンの高さやガラスの厚さに着目した分析ではあまり特徴的な傾向を見出すことはできなかったが,建物竣工年別にみると,比較的新しいものについては,被害率が少なくなっている傾向があることが分かった.これは,建築物自体の耐震性の向上が要因となっていることが考えられるが,ガラススクリーン構法に対しても,設計者が地震時のガラスの挙動や接着シールに対しての見解を深め,より慎重で安全性を考慮した設計をし始めたことが要因のひとつではなかろうかと推測する.

また,今回のガラススクリーンの地震被害の特徴として,図 4.2.7 に示されたとおり面ガラスを含む被害が多かったことにあるといえる.

その要因については,今回の調査手法でははっきりしたことは言えないが,耐震設計されたガラススクリーンのガラスエッジと周囲のサッシ間のクリアランス寸法を超えるガラスの挙動があったことが考えられる.それは,建物,あるいは施工された部位の設計層間変形角以上の変位が起きたのではないかと推測する.

参考文献

1) 「2011 年東北地方太平洋沖地震災害調査速報」,日本建築学会,2011 年 7 月
2) 板硝子協会：平成 23（2011）年東北地方太平洋沖地震におけるガラス等の被害補調査報告書,板硝子協会,2012.1

3) 高原 正弘, 清家 剛, 磯崎 敏正, 淡谷 武司, 俵田 忠明, 渡部 紀夫, 木原 幹夫：平成 23 年東北地方太平洋沖地震におけるガラスの被害調査報告 その 1 調査の全体像と被害の概要, 日本建築学会学術講演梗概集 E-1 分冊, pp.77-80, 2012.9
4) 俵田 忠明, 清家 剛, 磯崎 敏正, 淡谷 武司, 渡部 紀夫, 高原 正弘, 木原 幹夫：平成 23 年東北地方太平洋沖地震におけるガラスの被害調査報告 その 2 仙台市近郊における自動車販売店のガラススクリーン構法の被害調査, 日本建築学会学術講演梗概集 E-1 分冊, pp.81-84, 2012.9
5) 財団法人 日本建築防災協会：安全・安心ガラス設計施工指針, 2011.2

4.3 ALCパネルの被害 (Damage to ALC panels)

4.3.1 はじめに (Preface)
4.3.1.1 本節の概要 (Outline of this report)

平成23年3月11日に発生した「東北地方太平洋沖地震」における建築物の地震被害は，各種報道，報告からも，その甚大さがうかがえる．建築物の構成材料である天井や硝子等の非構造部材においても，各地で被害が報告されており，建築物の帳壁等として普及しているALCパネルについても例外ではない．

本節は，ALC協会による「2011年東北地方太平洋沖地震におけるALC帳壁地震被害調査報告」[1]の内容に基づくものである．また，この内容は既報[2,3]でも報告されている．

調査方法は，目視によるパネルの破損状態の確認が主であり，パネルが被災した原因については，十分に分析できておらず，今後の課題として言及していない．

また，外部からの目視による確認が中心のため，すべての調査建物でパネル取付け構法の種類が特定されたものではなく，一部に推定されたものが含まれていることも，留意すべき点である．

4.3.2 外壁パネル調査報告 (Research report on outer wall panels)
4.3.2.1 外壁パネル調査の概要 (Outline of research on outer wall panels)

外壁パネルの被害状況調査の概要を以下に示す．調査地区は，被災建物の修補に着手される前の，なるべく早い時期で行う必要があり，首都圏からの往来が可能な北関東地区について行った．

1) 調査時期
   平成23年4月5日～4月6日

2) 調査方法
   調査対象街区毎に，2～3名を一組として調査を行った．調査対象の街区のすべての建物について，ALCパネルの外壁への採用の有無を外部からの目視調査により確認するとともに，ALCパネルの被害状況を確認した．調査は，地震によるパネルの破損状況の確認と，脱落を含めた被災状況と被災した建物の割合を確認した全てのALC建築物について目視で外観調査を行い，被害状況を調査票に記録した．

3) 調査対象地区および調査対象ALC建物数
   調査対象地区は，下記の2地区とした．調査で確認された街区のALCパネルが外壁に用いられた建物数は309件で内訳は下記の通りであった．
   今回の地震の被害は広域に及んでいるが，調査対象地区の選択は，関東地方の中でもALC建物が比較的多く，さらに本震時の震度が6弱以上を記録し，非構造部材の被害がマスコミで多く報道されたり，東京大学清家研究室の調査による被害情報あるいはALC協会加盟各社への被害情報が多く寄せられた地区とした．図4.3.1に調査対象地区を示す．

   ●調査対象地区
   ①茨城県 水戸市　市街地密集地区　地区をAとBの2分割2組で調査した．
   （実施日：平成23年4月5日～6日）
   ②栃木県 宇都宮市近郊　工業団地を含む3地区（A～C）
   （実施日：平成23年4月5日）

   ●調査対象建物数の内訳
   ①茨城県 水戸市　　地区A：　74件
   　　　　　　　　　地区B：　110件
   ②栃木県 宇都宮市近郊　地区A：　78件
   　　　　　　　　　　　地区B：　26件
   　　　　　　　　　　　地区C：　21件
   　　　　　　　　　　　合　計：　309件

4) 被害状況の判定
   被害状況は，被害状況判定表の区分によるA1，A2，B1，B2，C1，C2の6段階に判定した．被害状況判定表を表4.3.1に示す．なお，確認されたALCパネルのうち，最も損傷の大きなパネルの状況をもって，建物の被害状況の判定とした．

非構造部材

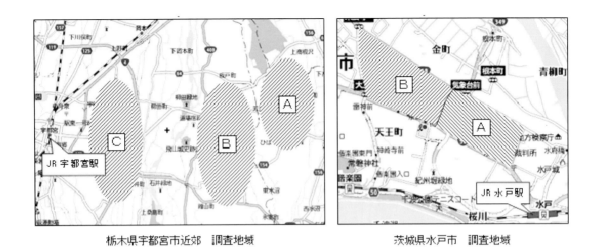

図 4.3.1　調査対象地区 (Researched area)

表 4.3.1　ALC パネルの被害状況判定表（Damage level of the ALC panel）

被害度		被害程度	事例	左事例の説明
A	A1	無傷のもの		
	A2	パネルの一部に軽微な欠け又は亀裂が発生しているが，補修を行えば継続使用が可能なもの		左例は，パネルの角部に亀裂が確認されているが，パネル全体の曲げ強度および取付け強度に悪影響を与えるものではなく，補修により十分継続使用可能と判断される．
B	B1	パネルの数箇所に欠け又は亀裂が発生しているが，補修を行えば継続使用が可能なもの		左例は，パネル端部に複数の亀裂などが確認されるが，A2 と同様に，パネルの曲げ強度などに悪影響を与える損傷とは見られず，補修により継続使用が可能と判断される．
	B2	パネルの一部が破損しているが，取付け部の補強および補修を行えば継続使用が可能なもの		左例は，挿入筋構法の取付け部である目地部の破損が顕著であるが，パネルの曲げ強度に著しく悪影響を与える亀裂などの破損は確認されておらず，ボルトによる取付け補強により継続使用可能と判断される．
C	C1	パネルの取付け部分が大破し，修理補修による取付け強度の復旧が困難なもの，あるいはパネルの曲げ強度の復旧が困難なほど破損し，パネルの交換が必要なもの		パネルの脱落は見られないものの，パネル中央部が修復不可能なほど大破しており，パネルの交換が必要と判断される．
	C2	パネルが脱落したもの		

第 4 章　非構造部材の部材別被害

4.3.2.2 調査結果

外壁パネルの調査結果の概要を，表4.3.2に示す．

表4.3.2 外壁パネル調査結果の概要 (Outline of the research on outer wall panels)

調査地区	構法種別		被害度						合計
			A1	A2	B1	B2	C1	C2	
水戸市	縦壁	件数	69(1)	54(14)	20(3)	11	5(1)	7(1)	166(20)
		比率	22.3	17.5	6.5	3.6	1.6	2.3	53.7
	横壁	件数	1	1	0	0	0	0	2
		比率	0.3	0.3	―	―	―	―	0.6
	薄形	件数	14(2)	1	0	1	0	0	16(2)
		比率	4.5	0.3	―	0.3	―	―	5.2
	小計	件数	84(3)	56(14)	20(3)	12	5(1)	7(1)	184(22)
		比率	27.2	18.1	6.5	3.9	1.6	2.3	59.5
宇都宮市近郊	縦壁	件数	53	9	1	1	2	14	80
		比率	17.2	2.9	0.3	0.3	0.6	4.5	25.9
	横壁	件数	33	3	0	2	0	4	42
		比率	10.7	1	0	0.6	0	1.3	13.6
	薄形	件数	3	0	0	0	0	0	3
		比率	1	―	―	―	―	―	1
	小計	件数	89	12	1	3	2	18	125
		比率	28.8	3.9	0.3	1	0.6	5.8	40.5
合計	縦壁	件数	122(1)	63(14)	21(3)	12	7(1)	21(1)	246(20)
		比率	39.5	20.4	6.8	3.9	2.3	6.8	79.6
	横壁	件数	34	4	0	2	0	4	44
		比率	11	1.3	―	0.6	―	1.3	14.2
	薄形	件数	17(2)	1	0	1	0	0	19(2)
		比率	5.5	0.3	―	0.3	―	―	6.1
	合計	件数	173(3)	68(14)	21(3)	15	7(1)	25(1)	309(22)
		比率	56	22	6.8	4.9	2.3	8.1	100

注1　上表中の件数の（）内数値は，パネル表面にタイル張り仕上げが施された建物数を示す．
注2　上表中の比率は，建物調査全数に対する各項目の比率（％）を示す．
注3　上表中の構法種別で，縦壁は厚形パネルを用いた挿入筋構法やロッキング構法を，横壁は厚形パネルを用いたボルト止め構法やアンカー構法を，薄形は薄形パネルを用いた構法を示す．

1) 調査地区の概況

水戸市の調査地区は，市街地に立つ事務所ビルや店舗併用ビルなどが密集している地域で，それらの鉄骨造の建物の外壁にALCパネルが多く用いられている地区であった．これらのALC帳壁は，汚れや仕上げ塗材の劣化が確認されるなど，外観的に比較的古いものが多く，また被害を受けたALCパネルの縦壁構法は，亀裂や破損したパネル間目地の状況から，挿入筋構法によるものが多かったと推定される．

宇都宮市近郊の調査地区は，市郊外の工業団地の3地区であり，工場，倉庫などの比較的規模の大きな建物が多く存在する地区であった．建物用途などの影響もあり，市街地に比べて横壁構法の比率も高い地区であった．これら建物の調査は，建物敷地の外部遠方からの目視調査が主であったことから，建設年次の推定が困難であった．しかし，パネル撤去後に残された取付け金物や，パネル

第4章 非構造部材の部材別被害

長辺の目地形状などから，乾式ロッキング構法の被害も確認されている．

2）水戸市調査結果
（1）調査結果の概要
　水戸市の被害度の調査結果を図4.3.2に示す．この調査でパネルの脱落や取り換えが必要なほどの大破（C1,C2）が確認された建物は12件であり，調査総件数に対する割合は，6.5%であった．また，強度上の補強が必要と確認された建物（B2）は12件あり，調査総件数に対する割合は，6.5%であった．また，全く被害がなかった，あるいは破損しても簡単に補修が可能で継続使用が容易であると確認された建物（A1,A2,B1）は160件あり，調査総件数に対する割合は，87.0%であった．
　また，大破と確認された建物に用いられたALC帳壁の取付け構法の種類は，破損したパネルの目地形状，目地モルタルの有無などから，縦壁挿入筋構法であったことが確認されている．ロッキング構法によるALC帳壁の被害は特に確認されなかったとともに，調査した建物の挿入筋構法とロッキング構法との比率についても，本調査では確認できなかった．

（2）調査対象地区別の差異
　今回の調査では，細長い調査対象地区を2分割し，調査を行った．図4.3.2に調査区域ごとの結果概要を示す．目視による調査であり，調査員の判断のバラツキを考慮しても，パネルの脱落や取り換えが必要なほどの大破（C1,C2）の有無という点では，水戸市地区Aの方が割合は高く，隣接した水戸市街といえども被害の程度に差異が確認された．
　同一地区における地震動の差異や，建物の構造躯体の差異，あるいは建物用途の差異など，これら被害度の差異の原因が特定できる現象を，本調査では確認できなかった．

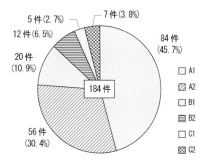

水戸市被害度調査結果（Result in Mito）

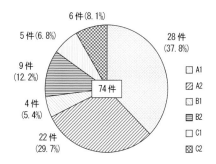

水戸市地区A調査結果（Result in district A, Mito）

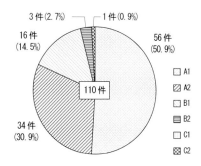

水戸市地区B調査結果（Result in district B, Mito）

図4.3.2　水戸市調査地区別被害度調査結果（The result of research on damage level in Mito districts）

非構造部材

3）宇都宮市近郊調査結果
（1）調査結果の概要

宇都宮市近郊の調査は，工業団地を含む3箇所について行った．これらの地区は，図4.3.1に示されるように，同一市といえども比較的距離の離れた地区となっており，被害度にも違いがある．

宇都宮市近郊の全体の調査結果を図4.3.3に示す．なお，これら被害度別あるいは調査全体の構法の種別（挿入筋構法とロッキング構法など）については，定量的な把握はされていない．

（2）調査対象地区別の差異

宇都宮市近郊調査地区Aの調査結果の概要を図4.3.3に示す．これによると，パネルの脱落や取り換えが必要なほどの大破(C1,C2)が確認された建物は16件であり，調査総件数に対する割合は，20.5％であった．また，強度上の補強が必要と確認された建物（B2）は2件あり，調査総件数に対する割合は，2.6％であった．また，全く被害がなかった，あるいは破損しても簡単に補修が可能で継続使用が容易であると確認された建物（A1,A2,B1）は60件あり，調査総件数に対する割合は，76.9％であった．

同様に，宇都宮市近郊調査地区Bの調査結果の概要を図4.3.3に示す．これによると，大破（C1,C2）が確認された建物は3件であり11.5％で，強度上の補強が必要とされた建物（B2）は0件であり，無被害あるいは容易に補修が可能とされた建物（A1,A2,B1）は23件で88.4％となった．

同様に，宇都宮市近郊調査地区Cの調査結果の概要を図4.3.3に示す．これによると，大破（C1,C2）が確認された建物は1件であり4.8％で，強度上の補強が必要とされた建物（B2）は1件であり4.8％で，無被害あるいは容易に補修が可能とされた建物（A1,A2,B1）は19件で90.5％となった．

このように，同じ宇都宮市近郊において，調査件数の多寡があるにしても，ALCパネル帳壁の大破の比率に，大きな差異が確認されている．

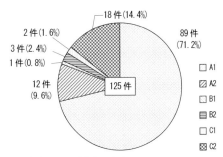

宇都宮市近郊の被害度調査結果（Result in Utsunomiya）

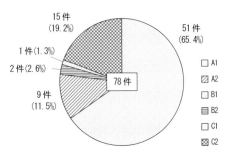

宇都宮市近郊　地区A調査結果（Result in district A, Utsunomiya）

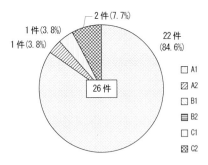

宇都宮市近郊　地区B調査結果（Result in districtB, Utsunomiya）

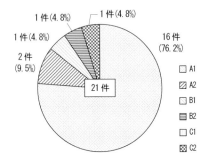

宇都宮市近郊　地区C調査結果（Result in district C, Utsunomiya）

図4.3.3　宇都宮市近郊調査地区別被害度調査結果（(The result of research on damage level in Utsunomiya districts)）

4) 調査地区全体のまとめ

今回の調査では，309件の建物のALC外壁パネルについて目視調査を行った．今回の調査は，関東地方の中でも，本震時の震度が6弱以上を記録し，地震直後から非構造部材の地震被害情報の多い地区について，集中的に行ったものである．

その中で，全く被害がなかった，あるいは破損しても簡単に補修が可能で継続使用が容易であると確認された建物（A1,A2,B1）は262件あり，調査総件数に対する割合は，84.8%であった．しかし，パネルの脱落や取り換えが必要なほどの大破（C1,C2）も確認された．それら建物は32件であり，調査総件数に対する割合は，10.4%であった．

過去の大地震として兵庫県南部地震がある．兵庫県南部地震では，ALC帳壁が用いられている鉄骨造の建物の被害として，建物躯体の倒壊が散見されたが，今回の調査ではその様な事例は確認されず，パネルの脱落や取り換えが必要なほどの大破（C1,C2）が兵庫県南部地震に比べ，比較的多く確認された．

地区別被害度の調査結果を図4.3.4に示す．今回は地域を絞り重点的に調べたが，近い地域でも被害度に差があり，全体と比較しても平均的な地域が見られないことがわかる．特に水戸市では連続的な地域にもかかわらず差が出ている．

各調査地区の地震動，建物ごとの振動・変形を個々に検証していないため，地区ごとの差異の原因は特定出来ていない．しかし，水戸市調査地区は市街地の店舗併用住宅，事務所ビルに供する建物が多いのに対し，宇都宮市近郊調査地区は工業団地内の工場や倉庫が多い傾向にあり，両地区で建物の用途や規模，構造上の違いなどがあることがわかった．

なお，今回の調査範囲には，一部薄形パネルを含むが，それらは全て鉄骨造に厚さ50mmの薄形パネルを使用した物件の調査結果である．

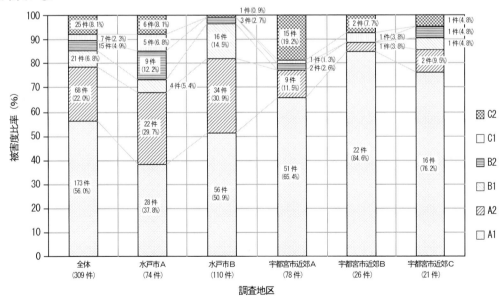

※上図の被害度比率は，建物の被害度別件数の比率を示す．

図4.3.4 地区別被害度の調査結果 (Result by area and damage level)

4.3.2.3 被害事例 (Example of the damaged buildings)

外壁パネルについては,調査結果を被害度別(A1〜C2)に分類したが,同じ被害度でも異なる被害状況が見られたため,ここでは,被害度別,被害状況別の事例を紹介する.

写真 4.3.1-4.3.28　外壁パネルの被害事例
(Example of the damaged exterior wall panel)

[被害度 A1－事例 1]

被害なし.
3 階建ての事務所ビルで,挿入筋構法による取付けと推測される(写真 4.3.1).

写真 4.3.1

[被害度 A1－事例 2]

被害なし.
2 階建ての商業ビルで,ロッキング構法による取付けと推測される(写真 4.3.2).

写真 4.3.2

[被害度 A1－事例 3]

被害なし.
2 階建ての工場で,横壁構法が採用されている(写真 4.3.3).

写真 4.3.3

[被害度 A1－事例 4]

被害なし.
3 階建ての事務所ビルで,ロッキング構法による取付けと推測される(写真 4.3.4).

写真 4.3.4

[被害度 A2－事例 1]

隣り合うパネルの角部に軽微な亀裂が発生した例である．

挿入筋構法による取付けでは，比較的多く見られる被害であり，地震によりパネル角部が競り合い発生したものと考えられる（写真 4.3.5）．

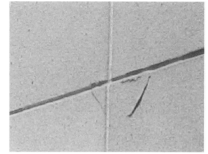

写真 4.3.5

[被害度 A2－事例 2]

開口部下の腰壁に軽微な亀裂が発生した例である．

地震時に開口部と ALC パネルが競り合い発生したものと考えられ，挿入筋構法では，比較的多く見られる被害である（写真 4.3.6）．

写真 4.3.6

[被害度 A2－事例 3]

建物出隅部のパネル取付けボルト部分に，亀裂と浮きが発生している．

挿入筋構法では，出隅部のパネルをフックボルトにより固定する事が一般的であるが，事例はフックボルトの座掘り補修部に浮きが生じたものである（写真 4.3.7）．

写真 4.3.7

[被害度 A2－事例 4]

基礎取合い部の ALC パネル角部に亀裂が発生している．

地震時に，ALC パネル角部と基礎が競り合う事で発生したものと考えられ，挿入筋構法では，比較的多く見られる被害である（写真 4.3.8）．

写真 4.3.8

非構造部材

[被害度B1-事例1]

出隅部付近のALCパネル縦目地部,角部などに複数の亀裂が発生している.
該当パネル横の開口部により地震時の挙動が異なった事や,パネルから突き出たアンカー(以前何かが取り付けられていたものと思われる)などが原因と考えられる(写真4.3.9).

写真4.3.9

[被害度B1-事例2]

パネル横目地に沿って,連続した亀裂と角部の浮きが発生している.
地震時に目地シーリング材によりALCパネルが引張られ,パネル表層部に亀裂が発生したものと考えられる(写真4.3.10).

写真4.3.10

[被害度B1-事例3]

パネル縦目地付近に,上下段に連続した亀裂と破損が見られる.
挿入筋構法の取付け部分の被害と考えられるが,何らかの原因で,該当部分に応力が集中した結果,写真の様な現象になったものと考えられる(写真4.3.11).

写真4.3.11

[被害度B1-事例4]

建物出隅部のパネルの角部付近に亀裂が発生している.
地震時の建物の変形により,パネル同士が競り合った事や,看板取付け用の鉄骨によりパネルの動きが拘束された事などが原因と考えられる(写真4.3.12).

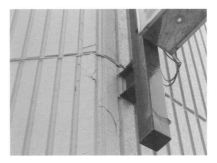

写真4.3.12

[被害度 B2－事例 1]

建物出隅部のパネル端部に発生した亀裂などが見られる．

原因は不明であるが，パネルに取り付けられたパイプや，過去に何かが取り付けられていたと考えられるアンカーなどの影響による可能性も考えられる（写真 4.3.13）．

写真 4.3.13

[被害度 B2－事例 2]

パネル横目地部分が連続して破損している．

挿入筋構法の取付け部の被害であるが，地震による建物の変形時に，上下階の開口部が影響した可能性も考えられる（写真 4.3.14）．

写真 4.3.14

[被害度 B2－事例 3]

開口部横の袖壁パネルに亀裂と浮きが発生している．

挿入筋構法による取付けと考えられるが，地震時に開口部と ALC パネルが競り合い発生したものと考えられる（写真 4.3.15）．

写真 4.3.15

[被害度 B2－事例 4]

基礎取合い部の連続した 2 枚の ALC パネルに亀裂が発生している．

地震時に，ALC パネル角部と基礎が競り合う事で発生したものと考えられる（写真 4.3.16）．

写真 4.3.16

非構造部材

[被害度C1-事例1]

パネル上下段で段差が生じ，横目地付近に亀裂と浮きが生じている．

地震時に，上段のパネルが内部から強く押された事が原因と推察される（写真4.3.17）．

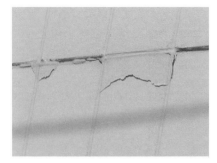

写真 4.3.17

[被害度C1-事例2]

開口部横の袖壁パネルに破壊が生じている．

両側を開口部に挟まれたパネルで有る事から，開口部によるせん断破壊と考えられるが，パネルに取り付けられた樋も影響を与えている可能性がある（写真4.3.18）．

写真 4.3.18

[被害度C1-事例3]

設備開口が設けられたパネルに破損が生じている．

パネルに大幅な切り込みを行い，設備開口を設けているため，地震時の動きで開口とパネルが競り合った結果，破損が生じたものと考えられる（写真4.3.19）．

写真 4.3.19

[被害度C1-事例4]

建物最上部のパネルが押し出され，破損している．

最上部のパネルが取り付けられている躯体が激しく動いた事が推察され，パネルは脱落寸前である（写真4.3.20）．

写真 4.3.20

[被害度C2-事例1]

中間梁の接続部が破断し,パネルが脱落している.
中間梁の接続部が破断している事より,かなり激しい挙動であった事が推察される(写真4.3.21).

写真4.3.21

[被害度C2-事例2]

建物側面上段のパネル足元が押し出され,出隅部のパネルが脱落している.
大きな被害は上段の一面だけであり,室内側からパネルが押されたものと考えられる(写真4.3.22).

写真4.3.22

[被害度C2-事例3]

立上り壁部分のパネルが一部脱落している.
構造躯体から持ち出されたパネル取付け下地が,激しく挙動した事が推察される(写真4.3.23).

写真4.3.23

[被害度C2-事例4]

中間階のパネルが脱落している.
原因は不明であるが,挿入筋構法により取り付けられたパネルである(写真4.3.24).

写真4.3.24

注:被害度C2の事例には,地震後にパネルが取り外された可能性がある部分も含まれる.

非構造部材

[タイル張り－事例 1]

ALC パネル横目地付近のタイルが剥落している．
ALC パネルの横目地と，タイルの伸縮調整目地の位置がずれているため，地震時の層間変位にタイルが追従出来ず剥落したものと推察される（写真 4.3.25）．

写真 4.3.25

[タイル張り－事例 2]

ALC パネル横目地付近と開口部横のタイルが剥落している．
タイル伸縮調整目地が適切に設けられていないため，剥落に至ったものと考えられる（写真 4.3.26）．

写真 4.3.26

[タイル張り－事例 3]

開口部横のタイルに，亀裂と欠けが生じている．
開口部横にタイルの伸縮調整目地が設けられていない事が原因と考えられる（写真 4.3.27）．

写真 4.3.27

[タイル張り－事例 4]

開口部下に斜め方向に亀裂が生じており，タイルに欠けが見られる．
開口部横などにタイルの伸縮調整目地が設けられていない事が原因と考えられる（写真 4.3.28）．

写真 4.3.28

4.3.2.4 外壁パネル調査のまとめ（Summary of the research）

今回実施された，水戸市と宇都宮市近郊における外壁パネルの被害状況調査のまとめを以下に記す．

・調査対象地区における ALC 外壁パネルは，調査件数の 56％が無被害であることがわかった．外観目視調査であるため，築年数や ALC パネルの取付け構法などを確認できなかった建物が多いが，築後 10 年以上経過していると推定される建物でも，無被害のものは多く見られた．
　また，築後 10 年以内で，ロッキング構法を採用していると考えられる低層の店舗併用住宅や事務所ビルでは，ほとんど被害は確認されなかった．

・軽微な亀裂や欠けなど，簡単な補修を行えば継続使用が可能であると確認されたもの（被害度 A2,B1）が全体の約 29％であった．
　これらの被害は，ALC パネル角部や開口部付近，パネル横目地部分の軽微な亀裂や欠けなど，挿入筋構法における面内変形時の損傷と考えられるものが大多数を占めていた．

・ALC パネルの一部が破損しているが，パネルの曲げ強さは確保されており，取付け部の補強などにより継続使用が可能と判断されたもの（被害度 B2）は全体の約 5％であった．
　これらの被害では，パネル横目地付近や基礎部などで挿入筋構法の取付け部が破損しているケースが目立った．その他にも，開口部回りや出隅部付近でパネル固定用のフックボルト部分が破損している事例などが確認された．

・ALC パネルの脱落や取り換えが必要と考えられる被害を受けたもの（被害度 C1,C2）は，全体の約 10％であった．
　これらの被害で，ALC パネルの脱落に至らなかったものでは，開口部に挟まれた ALC パネルのせん断破壊や，室内側から押された事で上下段の ALC パネルに段差が生じているなどの事例が確認された．
　一方，ALC パネルの脱落が確認されたものでは，階高が高い工場倉庫で耐風梁に取付いているパネル，あるいは折板などの軽量な屋根を支持する最上部の梁に取り付けられたパネルに被害が多い傾向がみられる．これら，建物用途に起因する構造的特性が，要因の一つとして推察される．大破した建物（被害度 C1,C2）が，水戸市よりも宇都宮市近郊に多く確認された事も，この要因による可能性が考えられる．
　また，その他にも室内側から押された結果，脱落に至ったと推察される事例も確認された．脱落した ALC パネルの取付け構法は，挿入筋構法が圧倒的に多かったが，中にはロッキング構法の脱落も確認されている．
　ロッキング構法の脱落は，宇都宮市近郊の工場，倉庫に用いられたもので，宇都宮市近郊の調査で脱落が認められた全 18 件の内，2 件であった．
　これらは，工場で吹き抜け部分に面するパネルと，倉庫で階高が高いため耐風梁に取り付けられたパネルであり，何れも ALC パネルが取り付けられている構造体が比較的大きく変形した可能性が推察される．

・本調査においては，全調査物件のうち，22 件にタイル張りが施されており，その内の 19 件でタイル張り仕上げの浮き，剥離などの現象が確認された．
　ALC パネルのタイル張り仕上げについては，素材の特徴，外壁材としての挙動などを考慮し，「ALC パネル現場タイル張り工法指針」（日本建築仕上学会）などにより仕様が規定されている．それらでは，耐震性を考慮し，特にムーブメントが大きな ALC パネル間の伸縮目地とタイルの伸縮調整目地を合致させることを基本としている．
　本調査において，タイルの不具合は，ALC パネルの伸縮目地に跨ってタイルを張るなど，ALC パネルへのタイル張り工事が，仕様通りに行われていないことが原因であることが確認された．

4.3.3 間仕切パネル調査報告（Report of the research on partition）

4.3.3.1 間仕切パネル調査の概要（Outline of the research on partition）

　ALC パネルは，建物の屋根，床，外壁そして間仕切として，多くの用途に用いられている．パネルの製造出荷量は，窯業・建材統計（経済産業省）などに公表されているが，厚形パネルと薄形パネルの比率，厚形パネルの中の用途別比率などの内訳は公表されていない．過去に公表されている比率（図 4.3.5）によれば，外壁パネルと間仕切パネルの製造出荷比率は，全製造出荷量比率に対して 72％，16％となっている．間仕切パネルは，外壁パネルの 2 割強の量が製造出荷されており，帳壁としての使用量は決して少ない数値ではなく，ALC 協会加盟各社（ALC パネル製造業者）にも ALC 間仕切パネルの被害情報が伝えられている．

非構造部材

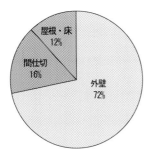

図4.3.5 ALC 使用部位比率(m^3割合)(The ratio of ALC)
「ALC 外壁補修工法指針(案)・同解説」
(2000年 日本建築仕上学会刊)より引用

表 4.3.3 ALC 各製造業者における情報件数の内訳（件）
(Breakdown of information gathered from ALC makers)

	外壁	間仕切	その他	合計
A社	88	45	1	134
B社	22	33	0	55
C社	91	23	0	114
合計	201	101	1	303

注：上表の件数は，ALC 各製造業者に対する問合せなどによる情報件数であり，外壁パネル編での調査件数との関連性はない．

間仕切壁パネルの被害状況の確認には，建物内部での調査が必要である．そのため建物の管理者，使用者などの了解，立ち合いのもとで調査を行う必要があり，外壁パネルの調査のように，特定街区の建物を網羅的に調査し，被害発生の傾向と割合を定量的に把握することが困難である．

しかし，ALC 協会加盟各社にもたらされる ALC 間仕切パネルの被害情報は，パネルの交換，脱落などの大破の情報も決して少なくない．ALC 帳壁の耐震安全性の向上には，間仕切パネルの被害状況の把握も必要不可欠であると判断し，ユーザーからの ALC 協会加盟各社への問合せ，調査依頼をもとに，間仕切パネルの被災状況を把握することとした．

4.3.3.2 問合せ概要 (Outline of the survey)

ALC 協会加盟各社に地震以降5月末までに寄せられた今回の地震被害に関する情報件数の内訳を表 4.3.3 に示す．情報総数としては303件で，その内間仕切パネルに関するものは101件であった．

図4.3.5 に示される用途別比率に比べ，情報件数における間仕切の比率が大変高く，今回の震災における間仕切パネルの被害にも目を向ける必要がある事の判断材料となっている．

なお，表 4.3.3 に示される情報は，必ずしも情報を得た会社が製造出荷したパネルとは限らず，各社別被害程度の割合を示すものではない．これら情報は何らかの被害があったことから情報として寄せられたものであるが，外壁調査の場合のように被害度別に内容が把握されておらず，また，一定街区を網羅的に調査しておらず，被害の全体像を把握したものでもない．

情報には，建物用途が特定できるものと，用途に関する情報がないものとがあるが，用途が特定できるものの多くは，工場，倉庫などの大型建築物が主となっている．

4.3.3.3 間仕切パネルの取付け構法 (Method of affixing partition)

間仕切パネルの標準取付け構法は表 4.3.4 に示す通りであり，このうちフットプレート構法とアンカー筋構法は単層の間仕切壁に用いられる事を想定したものである．

しかし，間仕切壁は建物の用途や規模などにより，単層ではなく，複層（段積み）として用いられる事も多く，例えば，工場や倉庫で階高が高い場合などは，中間梁を設け2段以上の壁として構成されるケースも多い．この様な場合は，ロッキング構法，スライド構法，ボルト止め構法などの外壁パネルに準じた取付け構法が採用される事が多く，過去においては挿入筋構法も用いられていた．

この様な理由により，現存している建物においては，その規模や形態により多種多様な取付け構法が採用されているのが実態である．

なお，本節で間仕切パネルの乾式スウェイ方式の取付けについて触れている部分があるが，これには表 4.3.4 に示す，縦壁のフットプレート構法や，フットプレート構法の改良型である目地プレート構法などが該当する．

表 4.3.4 間仕切壁の取付け構法の種類 (Type of method of affixing partition)

縦 壁	フットプレート構法
	アンカー筋構法
	ロッキング構法
	スライド構法
横 壁	ボルト止め構法

4.3.3.4 被害事例 (Example of the damage)

今回の地震における ALC 間仕切パネルの被害事例を以下に示す．

ここでは，情報が比較的しっかりと集まった建物の内，被害が大きかったものについて紹介すると共に，それぞれの被害に関する考察を加えている．

なお，これらの写真は，ALC 協会加盟各社や ALC パネルを扱う代理店などが，ユーザーからの調査要請に基づき，許可を得て建物内部に入り，調査のために撮影したものである．調査の目的は，被災後のパネルの継続使用の可否検討，被災原因の検討であり，当然のことながら，ユーザーから特別に調査を依頼されるほどのことであり，パネルの脱落を含めた大破の建物が多くなっている．掲示件数と，発生頻度の割合との間に関係がないことに留意する必要がある．

注：以下に示す被害事例の写真は，地震後にパネルが取り外された可能性がある部分も含まれる．

[被害事例 1]

写真 4.3.29　間仕切パネルの被害事例(Example of a damaged partition panel)

写真 4.3.30　間仕切パネルの被害事例(Example of a damaged partition panel)

1 階建ての倉庫建築物内部の，中間梁を介して 2 段積みされた間仕切パネルの被災例である．外部のパネル（ALC 横壁）には，隅角部の軽微な角欠け程度は生じているが，継続使用に支障のある被害は確認されていない．

間仕切パネルの脱落は，上段のパネルに確認されており，下段の床との取り合い部分には，パネルの移動，破損は確認されていない．壁面の構造体であるブレースに，残留変形が確認されており，地震時における躯体の変形の大きさがうかがわれる．

非構造部材

[被害事例2]

写真 4.3.31 間仕切パネルの被害事例(Example of a damaged partition panel)

写真 4.3.32 間仕切パネルの被害事例(Example of a damaged partition panel)

[被害事例3]

写真 4.3.33 間仕切パネルの被害事例(Example of a damaged partition panel)

写真 4.3.33 の矢印方向から見たもの

写真 4.3.34 間仕切パネルの被害事例(Example of a damaged partition panel)

　4階建て倉庫の大型シャッター（長スパン）上部の間仕切パネルの被災状況である．このような大型シャッターは，各階に設置されているが，シャッター上部のパネルに，このような現象を生じたのは4階部分だけである．パネル下部が取り付けられている中間梁の振動，ねじれなどにより，パネル端部や目地部の破損を生じたものと推定される．

　なお，本建物も他の建物と同様に，外壁にもALC帳壁が用いられているが，軽微な角欠けなどが部分的に確認されているものの，継続使用に支障のある被害は確認されていない．

　大きな工場の内部に設けられた小部屋を構成する間仕切パネルの被災例である．この建物には，上記写真以外にも，多くのALC間仕切が設けられているが，脱落を含めた大破が多く確認されている．

　パネルは挿入筋構法により取り付けられており，基本的にはパネルが取り付けられた構造躯体の変形が，取付け構法の性能を上回ったことによる大破と考えられる．また，壁面を貫通する梁や設備ダクトなどが多数設けられており，これらもパネルに対して大きく影響していると推定される．

[被害事例4]

写真4.3.35　間仕切パネルの被害事例（Example of a damaged partition panel）

写真4.3.36　間仕切パネルの被害事例（Example of a damaged partition panel）

　工場内の階段室の周りに設けられた間仕切パネルの被災状況である．階段室内部および最下段のパネルに，脱落による大破が確認されており，パネルを支持する梁などの躯体に，パネルの取付け構法の性能を超える変形が生じたことにより，パネルが脱落に至ったものと推定される．
　1階部パネルは，パネル上部のアンカーが地震により破壊し，壁面が倒れ，パネル下部の取付け部も合わせて破壊したもので，写真に写るパネル下部の突起物は，床面に上方に突起するように固定されたパネル幅中央部の取付け金物である．

[被害事例5]

写真4.3.37　間仕切パネルの被害事例（Example of a damaged partition panel）

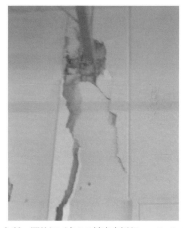

写真4.3.38　間仕切パネルの被害事例（Example of a damaged partition panel）

　写真4.3.37は，パネル近傍の設備機器や設備ダクトの振動による衝撃や，それらがパネルを貫通することによる壁面の強度低下ならびに地震時の振動などにより，パネルが大破した例である．
　写真4.3.38は，壁面を貫通する設備配管などが，パネルの変位追従性の妨げになり，パネルを大破した例を示したものである．

[被害事例 6]

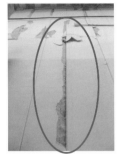

写真 4.3.39 間仕切パネルの被害事例(Example of a damaged partition panel)

パネルのせん断破壊．下段から伸びた鋼材がパネルのロッキングを阻害したものと推定

写真 4.3.40 間仕切パネルの被害事例(Example of a damaged partition panel)

写真 4.3.41 間仕切パネルの被害事例(Example of a damaged partition panel)

4階建て倉庫の最上階の間仕切パネルの被災状況である．階高が高いため，中間梁を設け，積み重ねて壁面が構成され，パネルの取付け構法には乾式ロッキング構法が用いられている．写真 4.3.39 のパネル長辺にわたる破損は，乾式構法に使用されるパネルの本実目地の凹部の破損である．地震時におけるパネルの挙動により，隣接する本実凸目地部と競り合い，破断したものと推定される．パネルが個々に面外に振動した可能性が考えられる．

また，一部に下段パネルの開口補強材が上段パネル目地部に侵入し（理由不明），上段パネルのロッキング挙動を妨げ，上段パネルにせん断破壊を生じさせていた．

いずれにせよ，地震時における大変大きな挙動変形を生じたことが推定されるが，このような著しい被害は，最上階である4階部分に顕著に表れており，他階には確認されていない．また同様に，外壁は横壁アンカー構法による ALC 帳壁であるが，微細な欠けなど以外には，このような顕著な被害は確認されていない．

[被害事例 7]

写真 4.3.42 は，多層階の建物の最上階に設置された間仕切パネルの被災状況の例である．階高が高く，中間梁を設けて，2段積みとした間仕切壁面である．

中間梁が大きく揺れて，下段パネルの上部取付け部が破損し，倒れるようにパネルが破損した様子が，現状から見受けられる．また，上部パネルもパネル下部の振動により取付け部が破損したものと推定される．上部アンカーにより，かろうじてぶら下がり状態にあるパネルも見られる．

上段のパネルが脱落し，反対側に倒れたように，中間梁の変位の想定外の大きさがうかがわれる．

写真 4.3.42 間仕切パネルの被害事例(Example of a damaged partition panel)

[被害事例 8]

 2 階建て倉庫の 2 階部分に生じたパネルの被災状況である．階高が高いため，他の倉庫建物と同様に，中間梁を設け，パネルを 2 段積みにして壁面を構成している．

 中間梁は，水平方向に強軸となるように，耐風梁のように設置されている．なお，パネルの横目地位置を調整するため（推定）に，梁下部にブラケットを取り付け，それにパネルの取付け下地となる定規アングルを設け，パネルが取り付けられている．このような納まりは，例えば壁が梁より離れている場合など，比較的多く用いられている取付けであるが，写真 4.3.44 のように，取付け用のパネルのアンカー部まわりの破損は，梁のねじれなどが要因の一つと推定される．

 また，大破したパネルの一部に，中折れしたかのような状態のパネルが確認された．近辺に荷物が積まれていた様子はなく，荷崩れによるパネル破損とは考えられない．中間梁の上下動によるパネルの座屈も，要因の一つとして推定される．

 なお，本建物も他の倉庫建物と同様に，最上階である 2 階に被害が集中しており，他の階にはこのような顕著な被害は確認されていない．

写真 4.3.43　間仕切パネルの被害事例（Example of a damaged partition panel）

写真 4.3.44　間仕切パネルの被害事例（Example of a damaged partition panel）

写真 4.3.45　間仕切パネルの被害事例（Example of a damaged partition panel）

[被害事例9]

　本例も，多層階の倉庫の最上階の間仕切パネルの被災例である．中間梁に取り付けられた下段のパネルが，垂直ブレースに沿って壊れている．ブレースは，変形が残留しており，パネルを叩くように水平方向に大きく揺れたのではないかと推定される．

　本例では，取付け構法のミスマッチが確認された．写真4.3.49は，中間梁下段に取り付けられたパネル下部の状況である．パネル上部は，中間梁にロッキング構法の金物により，標準的に取り付けられている．

　下部の取付けは，乾式スウェイ方式の場合に用いる取付け方法で，目地プレートがパネルの目地部に挟み込まれている．しかし，上部がロッキング機構であり，スウェイしないため地震時にはパネル全体がロッキング挙動を示し，床に接しているパネル下角部が欠けることとなる．取付け部が破損することにより，地震時の揺れに対してパネルが自由に動くようになり，面外に押し出されるように移動したと推定される．目地部位置付近に立ち上がっているのは，床面に固定されたパネルの取付け金物である．

写真4.3.46　間仕切パネルの被害事例(Example of a damaged partition panel)

写真4.3.47　間仕切パネルの被害事例(Example of a damaged partition panel)

写真4.3.48　間仕切パネルの被害事例(Example of a damaged partition panel)

写真4.3.49　間仕切パネルの被害事例(Example of a damaged partition panel)

[被害事例 10]

写真 4.3.50 間仕切パネルの被害事例(Example of a damaged partition panel)

写真 4.3.51 間仕切パネルの被害事例(Example of a damaged partition panel)

　多層階の最上階の間仕切パネルの被災例である．中間梁上部のパネルのみならず，下段のパネルにも，大破が見られる．パネルの中折れ状態も確認されている．

[被害事例 11]

写真 4.3.52 間仕切パネルの被害事例(Example of a damaged partition panel)

写真 4.3.53 間仕切パネルの被害事例(Example of a damaged partition panel)

　3 階建て倉庫の最上階の間仕切パネルの被災状況である．階高が高いため，中間梁を設けて，2 段積みにより壁面を構成している．下段のパネルは，床面との取り合いは目地プレートで固定し，上部は定規アングルにイナズマプレートで固定していた．上段のパネルは，下部をイナズマプレートで，上部を間仕切チャンネルで取り付けた乾式スウェイ方式の取付けとしていた．本事例では，間仕切チャンネルの掛かり代を超える上部梁および中間梁の上下動によりパネルが外れ，脱落したものと推定される．建物の調査時には，被災したパネルはきれいに整理されており，その他の状況は不明である．
　なお，この建物も最上階である 3 階に被害が集中しており，他の階にはこのような顕著な被害は確認されていない．

[被害事例12]

写真4.3.54 間仕切パネルの被害事例(Example of a damaged partition panel)

写真4.3.55 間仕切パネルの被害事例(Example of a damaged partition panel)

　本例も，他の例と同様に多層階の倉庫の最上階の間仕切パネルの被災例である．中間梁に取り付けられた下段パネルの上部が破損し，倒れるようにパネルが脱落している．
　ブレースが水平に振動し，中間梁が同様に大きく揺れることにより，パネルに想定外の衝撃力が加わったのではないかと，推定される．

4.3.3.5　間仕切パネル調査のまとめ（Outline of the research on partition）

　今回の間仕切パネルの被害状況調査のまとめを以下に記す．

　1）全体的な傾向

・今回の地震によるALC間仕切パネルの被害は，工場，倉庫などの比較的大規模な建築物において確認された．これら被害を受けた建築物の外壁にもALCパネルが採用されている建物が多いが，間仕切パネルの大破が確認された建物でも，外壁のALC帳壁には，パネル角部の亀裂などの軽微な破損は認められるものの，脱落を含めた大破が確認された建物の報告は少なかった．

・被害調査担当者の印象によると，脱落を含めた大破が確認されたALC間仕切パネルは，他の階に比べ最上階の間仕切壁に集中している傾向があった．

・被害調査担当者からの報告では，脱落を含めた大破が確認されたALC間仕切パネルは，階高が高く，中間に梁を設けてパネルを継いだ構造の壁面に多く確認されている．

　2）個別の事例

・大破が確認されたALC間仕切パネルの取付け部が，梁からピースアングルなどを用いて定規アングルなどの下地鋼材を持ち出して取り付け，パネル重量などの荷重が偏心荷重として作用し，地震時にパネル取付け部に悪影響を与えたと推定されるものがあった．

・乾式スウェイ方式による取り付けで，地震動によるパネル上部の梁の上下動により，間仕切チャンネルなどの下地鋼材から外れ，パネルが転倒・脱落をしたものと推定される事例が確認された．

・乾式スウェイ方式により取り付けられたパネルが，取付け構法の性能を超えた面内変形によりロッキングの挙動を示し，パネル下部の取付け目地部の角欠けを生じさせると共に，取付け部が破損し，地震動による移動の後，パネル上部の下地鋼材から外れ，倒壊に至った例が確認された．

・パネル上部が取り付けられる梁の上下動により，パネルが長さ方向に圧縮されることによる座屈破壊をしたと推定される事例が確認された．

・垂直ブレースが水平方向の揺れにより，パネルに当たり，パネルが破損したと推定される事例が確認された．

4.3.4 まとめ (Summary of the research)
本調査結果を以下にまとめる．

4.3.4.1 外壁パネル調査 (Research on outer wall panels)
・今回の調査では，破損や脱落などによりパネルの交換が必要と判断された部分が認められた物件は，調査物件全体の10％，補強などによる補修が必要な建物は5％，軽微な補修により継続使用が可能な建物は29％で，残りの56％は無被害であった．
・兵庫県南部地震のような，ALC帳壁が用いられている鉄骨造建物の倒壊などの大きな被害は確認できなかったが，ALCパネルの取替えが必要となる被害を受けた建物の割合は高かった．
・脱落などの大破したALC帳壁の取付け構法は，パネル目地部のモルタルなどから判別した結果，その多くが挿入筋構法であったが，宇都宮市近郊の2件の建物については，乾式ロッキング構法によるものも確認された．
・工場，倉庫などで階高が高い建物の耐風梁などに取り付けられたパネルに，脱落などの大破が多く見られた．

4.3.4.2 間仕切パネル調査 (Research on partition)
・今回の地震で，ALC協会加盟各社にもたらされた被害情報は，間仕切壁についても多く，ALCパネルの出荷数量の割合との比較において，間仕切壁の被害が多く発生したと推定される．
・鉄骨造建築物の外壁，間仕切壁双方にALCパネルが使用された建物であっても，間仕切壁のみに脱落などの大破を生じた建物が多く確認された．
・工場，倉庫などの鉄骨造建築物の最上階など特定の階で，階高が高い場合の中間梁に取付くALC間仕切壁に脱落などの被害事例が複数確認された．

4.3.4.3 今後の課題 (Future issues)
今回の調査は，調査方法の関係などから，定量的なものでない部分もあったが，今回の地震におけるALC帳壁の被害の実態と傾向を把握することが出来たと考える．
今回の地震では，挿入筋構法による外壁パネルの被害が顕著であり，これらは構法の変形追従性能を超える大きな層間変形によるもので，兵庫県南部地震[3]，新潟県中越地震などでの被害状況に類似したものであった．
ロッキング構法によるALC帳壁の被害は，階高の高い建物で，階高の中間に設置された耐風梁などに取り付けられた帳壁に確認されるとともに，間仕切壁にも多く被害が確認された．また，これらの被害は建物全体ではなく，局所に確認されるものが多い．

このような被害は，過去の大地震では明確に認識されなかったものであり，今回の地震動の特徴による被害と推定される．

今回の地震により，帳壁などの非構造部材だけを主に支持する構造材が，どのような変形・挙動を示し，それにより帳壁にどのような外力を与えるのかを明確にし，非構造部材を支持する柱，梁などの構造要素に必要以上の変形・振動を生じさせないようにするとともに，ALC帳壁の取付け構法の設計に必要な条件を整備することが今後の課題と考える．

参考文献

1) ALC協会：2011年東北地方太平洋沖地震におけるALC帳壁地震被害調査報告
2) 塩出 有三，清家 剛，塚本 忠，松下 健一，大須賀 正実：2011年東北地方太平洋沖地震におけるALC帳壁地震被害調査報告，日本建築学会学術講演梗概集C-2分冊，pp.65-68，2012.9
3) ALC協会：平成7年兵庫県南部地震ALC被害調査報告，1995.4

非構造部材

4.4 プレキャストコンクリートカーテンウォールの被害（Damage to precast concrete curtain wall）

4.4.1 はじめに（Introduction）

本節は（一社）プレコンシステム協会の「平成23年（2011年）東北地方太平洋沖地震PCカーテンウォール地震被害調査報告」[1]に基づいている．またこの概要は既報[2]で報告されている．

被災地に一応のめどがついたと思われた5月5日から，水戸，仙台を最初として，茨城県北部，福島市，郡山市，宇都宮市，つくば市など各地の現地調査を行った．

4.4.2 調査（Research）
4.4.2.1 調査対象（Subject of the research）

被害調査を開始するにあたってプレコンシステム協会々員各社に対し，震度6以上を記録した地域に施工した物件の申告をお願いした．今回の「平成23年（2011年）東北地方太平洋沖地震」では，被災地域が東北及び関東地方の太平洋岸に連なる岩手，宮城，福島，茨城，栃木，群馬の各県に跨る広大な地域となった．このため，申告のあったすべての建物を調査することは困難と判断された．

これにより調査対象を，気象庁震度階が大きくかつPCカーテンウォールが多く採用されている市部を中心とし，この中でも施工面積の大きい建物や高層ビル，建物の竣工時期が古く設計上の層間変位追従性能が明確でないもの，および特に重要と判断した建物などを主な調査対象とした．

4.4.2.2 調査方法及び調査月日（Method of research and the date）

調査方法は，対象建物の目視観察により，部材破損の有無，付帯物の破損・脱落の有無，目地通りの乱れなどの確認を行った．また併せて，近隣建物の外装材（メタル系カーテンウォールやALC板など）の被害状況についても比較観察を行った．

確認した建物の外観については写真撮影を行い，明らかに異常が見られた建物については，当該会員会社に連絡し必要な処置を依頼する事とした．

- 第一回　5月 5日(木)：茨城県水戸市内
- 第二回　5月14日(土)：宮城県仙台市内及び近郊
- 第三回　5月20日(金)：宮城県仙台市内
　　　　　5月21日(土)：福島県福島市及び郡山市内
- 第四回　6月 3日(金)：栃木県宇都宮市内及び近郊
- 第五回　6月 9日(金)：茨城県桜川市，笠間市，水戸市，ひたちなか市，常陸太田市
- 第六回　7月 1日(金)：茨城県つくば市内及び近郊
- 第七回　7月 6日(金)：茨城県神栖市，鹿嶋市かすみがうら市，土浦市，（千葉県旭市）

4.4.3 外観調査対象建物と調査結果（Subject of appearance research and the result）
4.4.3.1 外観調査対象建物（Subject of the research）

調査に先立って，会員各社に"自社が施工を担当した震度6以上が観測された岩手，宮城，福島，茨城，栃木各県のPCカーテンウォールを採用した建物"について報告を求めたが，その他に近年退会した東北・関東地区に施工例が多いメーカー2社の情報も入手し，これを併せた209件について施工実績を確認した．

これらの入手した施工実績情報には，複数社で施工を担当した建物も含まれたため，これらを整理し，「3.1 調査対象」の項で述べた「施工面積の大きい建物や高層ビル，建物の竣工時期が古く設計上の層間変位追従性能が明確でないもの，および特に重要と判断した建物」などの選定条件から宮城県47件，福島県15件，栃木県18件，茨城県41件の計121件について調査対象とした．これにより，地域的には宮城県及び茨城県が多くなった．その他，申告された建物ではないが調査の行程途中で見られたPCカーテンウォールと思われる建物26件についても，併せて観察を行い，合計147件の調査を行った．

【宮城県】（申告件数75件，調査対象物件47件）

宮城県の47件については仙台市内が中心となった．市内では近年マンションを含め100mを超える高層ビルが多数建設され180mクラスの超高層ビルも存在している．これらの建物にはPC部材が多数採用されているが，全てがPCカーテンウォール部材ではなく，型枠兼用PC（PCF）やベランダ等の非構造部材を含んでいる．

なお，仙台市内には比較的古くからPCカーテンウォールを採用した建物が多く，建物によってはそれまでの耐震基準が大幅に見直された「1978年宮城県沖地震（M7.4）」，プールの天井が落ち非構造部材の耐震が問題となった「2005年宮城県沖地震（M7.2）」，それに今回と三度の大地震を経験したPC部材採用建物も存在する．

【福島県】（申告件数31件，調査対象物件15件）

震度が大きくRC造建物などにも大きな被害が見られた県南部にはPCカーテンウォールを採用した建物が少なく，比較的採用例の多かった福島市，郡山市を中心に調査した．郡山市内には，24階建ての超高層ビルも存在している．また，集合住宅の倒壊も報告されている．

【茨城県】（申告件数72件，調査対象物件41件）

PCカーテンウォールの採用例が多かった水戸市及びつくば市内を中心として調査した．この地域では，本震直後の約30分後にM7.7の余震が茨城県沖で発生し，また一か月後の4月11日には県境に近い福島県いわき市でM7.0の余震が発生している．

水戸市内にはPCカーテンウォールを採用した高層ビルとして茨城県庁が施工され、またつくば市内には市街地の開発当初から比較的PCカーテンウォールを採用した建物が多い．その他，施工実績情報による県内各地に点在する建物については，現地に出向き調査を実施した．なお，移動行程の中で調査可能と判断した建物については出来る限り調査した．

【栃木県】(申告数31件，調査対象物件18件)

比較的震度が大きかった宇都宮市とその近郊の建物を中心に調査を行った．市内には高層建物となる栃木県庁舎があり外壁はPCカーテンウォールが採用されている．また，宇都宮駅周辺は再開発事業などが行われPCカーテンウォール採用建物も比較的多い．

4.4.4 被害の分析 (Analysis of the damage)
4.4.4.1 被害状況の分析 (Analysis of the damage)

外観調査による被害状況は，表4.4.1に示すように5つに分類された．以下にその詳細について述べる．

① 部材の脱落
 ・何らかの原因により取付け部分が損傷し，部材の脱落に至ったと思われるもの．

② 部材のずれ
 ・施工誤差などと思われるもの
  斜光によりパネル間の目違いが目立つことがある面外方向への"少量のずれ"で，今回の地震以前から生じていたものと考えられる．PCカーテンウォールの施工誤差や，乾燥収縮による反りなどが原因として考えられ，耐震性能には関与しない現象である．
 ・残留変位と思われるもの
  施工誤差や乾燥収縮以外の"がたつき"による目地の乱れと考えられるものである．耐震性能の低下には関わらない現象である．
 ・詳細調査を要するもの
  主にファスナー部損傷の懸念がある面外方向に対する数mmを超える"ずれ"や，ファスナー部と思われる位置に大きなひび割れが確認されたものである．これらの建物では内部からの詳細調査を行う必要が有ると考えられる．

③ 部材の挙動による破損
 ・危険性のある比較的大きな欠け
  地震時の層間変位により部材が挙動し，部材間の衝突により大きな角欠け・破損などが生じたもので，大きな破片が落下することで二次災害の可能性もあり早急な対策を必要とする．
 ・挙動時の軽微な欠け
  地震時の層間変位により部材が挙動し，部材間の衝突により角欠けなどの破損が生じたもので，小片や1階足元部分の欠けなどの比較的軽微なものである．破片が剥落しても二次被害の可能性は低いと言える．

④ 部材のひび割れ
 ・PCカーテンウォールのひび割れ
  PCカーテンウォールの外壁面に生じたひび割れは，意匠上や，耐久性，耐震性の上で性能低下を招く恐れがあるが，今回の調査では発見されなかった．
 ・型枠兼用PC（PCF）のひび割れ
  トラス筋により躯体と一体化する型枠兼用のPCFでは，躯体に生じたひび割れがPCFの外壁面にそのまま生じる．内部の躯体にひび割れが生じた場合にはそのままPCF表面のひび割れとなる．外観から容易に判断できる部材の浮きが無ければ，脱落の危険性は無いと考えられる．

⑤ 異常なし
 ・今回の外観調査では，特段に注意すべき異常は確認できなかったものである．

以上の被害発生件数の調査数に対する割合を図示すると図4.4.1のように表される．調査数147件の内，全体の88%にあたる130件が「今回の外観調査では，特段に注

表4.4.1 被害状況の分析 (Analysis of the damage)

被害状況	件数	詳細状況	件数	全調査件数比
① 部材の脱落	1	PC板の落下	1	0.7%
② 部材のずれ	5 (8)	施工誤差と思われるもの	(3)	(2.0)%
		残留変位と思われるもの	4	2.7%
		詳細調査を要するもの	1	0.7%
③ 部材の破損	6	危険性のある比較的大きな欠け	2	1.4%
		挙動時の軽微な角欠け	4	2.7%
④ 部材のひび割れ	5	PCカーテンウォール	0	0.0%
		型枠兼用PC（PCF）	5	3.4%
⑤ 異常なし	130 (127)			88.4% (86.4%)
計	147	計	17 (20)	

(表中の括弧内は，"②部材のずれ"のうち施工誤差と思われるもの3件の原因が，今回の地震被害によるものだったとした場合)

非構造部材

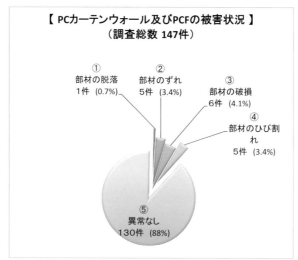

図4.4.1 PCカーテンウォール及びPCFの被害状況 (Damage to PC curtain wall and PCF)

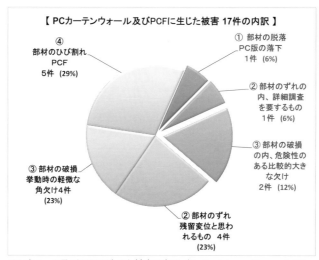

図4.4.2 PCカーテンウォール及びPCFに生じた被害の内訳 (The breakdown of damage to PC curtain wall and PCF)

意すべき異常は無い」と判断できた.

その他の,「何らかの異常が感じられた」12%にあたる17件の被害内訳は,図4.4.2のごとく表される.その中で,①部材の脱落1件,②部材のずれの内,詳細調査を要するもの1件,③部材の破損の内,危険性のある比較的大きな欠け2件については余震などによる二次被害の可能性が懸念され,早急な対応が求められた.(後にこれらについては,調査及び改修などの対応が済んでいることを確認した)

残り13件については,耐久性や止水性,もしくは意匠性上で問題となることも想定されたが,対応への緊急性は無いものと判断した.

4.4.4.2 代表的な被害の概要と原因推定 (Overview of the damage and the probable cause)

(1)「① 部材の脱落:外壁PC板の落下」
【規模:地上8階建て,用途:事務所,パネルタイプ:無開口壁,梁,方立】

8階建て,4面の外壁にPC板が採用された建物である.軒高は31m以下と思われる.東西の2面の両端に取付けられた層間パネルの無開口壁パネルの内1枚が脱落したほか,同部位の複数枚に損傷があった.その後,脱落を免れた同形状部材は取り外され,金属系パネルに改修された.

当該建物は外観及び部材の取付け方から,竣工時期は昭和40年代初期と推測され,PC板を使用した外壁とし

ては初期のものと思われる．

この時期の層間変位に関する一般的な考え方では，外壁に求められる層間変位量は小さく，帳壁の基準である「建設省告示第109号」においても，PC版に対する取付け方に関する規定ではまだ「可動」を求められておらず，昭和53年（1978年）の建設省告示改正により「プレキャストコンクリート板などの帳壁は支持構造部分において可動とすること」と追規定された．

当該建物は，告示改正以前に施工された建物と推測されることから，必ずしも帳壁としての十分な層間変位追従性を持ったPCカーテンウォールとは限らない可能性がある．

今回の地震では本地点より東方3kmのK-NET観測点で，震度6強，最大加速度1807galが記録され，PC板には面内・面外各方向の層間変位が生じた可能性があり，構造体の大きくかつ長時間の揺れと加速度が，剛性の高い無開口のPC板の取付け部分に"致命的な損傷を与えた"と推測される．

なお，壁パネル以外には，スパンドレル形式のPC板と同部材に取り付けられた方立PC部材が施工されている．これらの外観を目視観察した範囲では，ガラスの割れなども含め，特に大きな損傷は確認されなかった．

今後，本件と同様の条件下のPC板については，取付け部分の点検などの必要性が考慮される．

(2) 「② 部材のずれ：詳細調査を要するもの」
（外壁PC板の面外方向への段差）
【 規模：地上12階建て，用途：ホテル，パネルタイプ：開口壁 】

本建物は，S造，地下1階，地上12階の建物である．近接K-NET観測網においては，本震で震度6弱，最大加速度851galを観測している．また建物の所在地県の沖合では，本震の約30分後に発生した余震M7.7を初め，一か月後の4月11日にも隣接県の県境近くでは本震並みのM7.0の余震が発生し，この余震では天井落下などの新たな被害が報告され，これら頻発する余震は，被災箇所のさらなる損傷拡大に影響を与えた可能性は否定できない．

建物の被害状況は，西面の一部縦列の各階のパネルの下端が，面外方向へ飛び出す形で目地ずれを起こしている．

一般に面外方向に目地ずれを生じていた場合，取り付け金物が大きく変形しているか，若しくは取り付け金物周辺のコンクリートが破損している可能性が考えられる．本例では「兵庫県南部地震」でも見られたファスナー部コンクリートの破損を伴う大きなずれであると推測された．他に2階のコンクリート躯体の一部にひび割れが確認されたが，PC板にはその他の目立った損傷は見受けられなかった．

建物の形状から想定される損傷原因として，大梁ではなく跳ねだされた小梁にPC板が取り付けられた際に，「兵庫県南部地震」など過去の被害例でも見られた吹抜け部や階段室のまわりなど，躯体の剛性が低くなる部位で，変形が大きくなる傾向が影響した可能性も考えられた．

なお本建物は，既に設計事務所及び建設会社による調査，改修が行われたことを確認している．

写真 4.4.1　プレキャストコンクリートカーテンウォールの被害事例（Example of a damaged PC curtain wall）

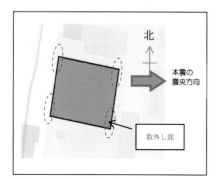

図 4.4.3　被害の概要（Overview of the damaged building）

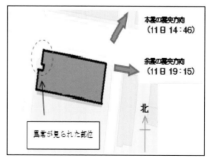

図 4.4.4　被害の概要（Overview of the damaged building）

非構造部材

写真 4.4.2 プレキャストコンクリートカーテンウォールの被害事例（Example of a damaged PC curtain wall）

写真 4.4.3 プレキャストコンクリートカーテンウォールの被害事例（Example of a damaged PC curtain wall）

(3)「③ 部材の挙動による破損」

今回の地震では，部材の挙動によるものと思われる欠けを 6 件確認した．その中で破片の脱落が起きても二次被害には至らないと思われる小片の軽微な欠けの例が 3 件，被害の危険性が感じられる比較的大きなものが 2 件，1 階足元の防水立上部の損傷で原因が PC 板に由来しないもの 1 件を確認した．

<③ 部材の挙動による破損：危険性のある比較的大きな欠け>
【 規模：地上 9 階建て，用途：ホテル，パネルタイプ：開口付き壁 】

当該物件は，会員による施工実績の報告はなく会員以外の施工と思われる．

外壁に関する詳細情報はなかったが，外壁面の形状とその損傷状況から PC 板と判断した．

建物は 9 階建てのホテルで，昭和 49 年（1974 年）に竣工し 37 年が経過している．

5 月の調査時点では建物は既に使用されておらず，内部についても相応の被害が生じたことが想像される．また本件近くの建物では，外壁に採用された PC 板の脱落が確認されている．

近接の K-NET 観測網では震度 6 強の揺れと 1800gal を超える加速度が記録され，建物にはおおきな層間変位が生じたことが想像される．この変位により PC 板が大きく挙動し，写真に見られるような損傷が発生したものと推測する．

本件の建物は，昭和 53 年の建設省告示第 109 号の改正以前の建物である事から，取り付け部分に「可動」を求められておらず，挙動を吸収する目地幅は現在とは異なって細く 10～15mm 程度と思われる．この事も「欠け」の発生の大きな要因になったと思われる．

なお本件は，建物調査後に解体工事が開始されたのを確認している．

【 規模：地上 3 階建て，用途：公共施設，パネルタイプ：無開口壁 】

1970 年に竣工した RC 造地下 1 階，地上 3 階，塔屋 1 階の建物である．建物本体については 2000 年に改修，耐震補強工事が行われているが PC 板については不明である．

PC 板の範囲は，西面を正面とする東西の 2 面に採用されており，南北面は在来 RC 工法となっている．

近接 K-NET 観測網においては，本震では震度 6 弱であるが，最大加速度は 851gal が観測され，その後も数度の大きな余震にさらされている．建物の揺れた方向は，本震においては震央が北東方向にあり，PC 板は面内方向に変位を受けたと推測される．また，本震発生後 31 分の M7.7 の余震を初め，4 月 11 日の M7.0 の余震など，頻発する余震は損傷の拡大に影響を与えたことも想像できる．

建物の被害状況として，PC 板が外壁に採用されている東西の 2 面に複数個所の部材下端での破損やシール切れなどが見られた．他に，南北面の在来 RC 部の一部に細いひび割れが見られたが，その他には特に大きな異常は見受けられなかった．本件についても昭和 53 年以前の建物であることから目地幅が細く，前記同様の損傷要因が考えられる．

本件建物は，所有者による補修工事が実施され，損傷部分は除去・補修されている．

第4章 非構造部材の部材別被害

写真 4.4.4 プレキャストコンクリートカーテンウォールの被害例（Example of a damaged PC curtain wall）

写真 4.4.5 プレキャストコンクリートカーテンウォールの被害例（Example of a damaged PC curtain wall）

写真 4.4.6 プレキャストコンクリートカーテンウォールの被害例（Example of a damaged PC curtain wall）

<③ 部材の挙動による破損：挙動時の軽微な欠け
（PC 板の足元取合い部の損傷）>
【規模：地上9階建て，用途：事務所，パネルタイプ：無開口壁，梁】

本物件は，平成16年（2004年）に竣工した S 造地上9階，塔屋1階の建物である．

PC 板の範囲は，高層部が横長梁パネルで，低層部は縦長のタイル打込壁版となっており，東西南北四面に採用されている．取付け方式は，高層部梁版は固定及びスライド方式，低層の壁版はロッキング方式となっている．

近接 K-NET 観測網における観測値は，本震で震度 6 弱，最大加速度 371gal となっているが，震度 3〜4 の余震が頻発している．建物の揺れた方向は，本震において

は震央が北東方向にあり，主には PC 板の面外方向に揺れが生じたと推測され，その後の余震においてもほとんど同じ方向であった．

建物の被害状況は，高層部は特に異常は見受けられなかったが，低層部北面1階の PC 板足元の躯体取合部において部材の破損が複数個所で確認された．破損は，仕上げタイルの割れから PC 板下部の水返し部分のコンクリートまで至っており，破損の位置も部材の左右端部や版中央部など様々であった．

これらの被害は，躯体取合部水平目地部分に本来，シーリング材やガスケットといった目地の止水のための材料を施工して可動性も確保すべきところ，躯体後張りタイルのモルタルを詰めてしまったことが原因と推測され，地震による面外方向の挙動時に破損したものと考えられる．

このような部材の下端が破損する現象は，脱落に至るような損傷ではないが，この建物に限らず他にも同様な位置でのひび割れなどが複数確認された．

PC メーカーにとっては，防水立上りモルタル詰めなどの後工程の施工確認は，施工範囲外であるため現実的には難しいが，改めて，最低限作図上で納まりを明記すると共に後工程への申し送りを確実に行う事が必要と考える．

写真 4.4.7 プレキャストコンクリートカーテンウォールの被害例（Example of a damaged PC curtain wall）

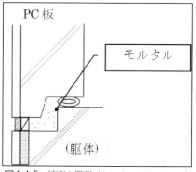

図 4.4.5 被害の概要（Overview of the damage）

— 109 —

非構造部材

(4)「④ 部材のひび割れ：型枠兼用 PC 版（PCF）」
【規模：地上 12 階建て，用途：ホテル，パネルタイプ：型枠兼用 PC 板】

平成 1 年（1989 年）に竣工した SRC 造，地上 12 階の建物で，7 階から上の高層階に PC 板および柱型 PCF が施工されている．

本建物から 3km ほど東方にある K-NET の観測点においては，本震で震度 6 強，最大加速度 1807gal と 1G を超える大きな加速度振幅が記録されている．

建物の被害状況としては，高層階の PC 部材に面内方向を主とした PC 部材間の目地ずれが確認された．

他に，PC 板下地コンクリートに生じたひずみが主原因と考えられるタイルの剥離，及び一部開口脇の方立部を横切るひび割れが確認されている．

本件の開口パネル部分の PC 板は，SRC 躯体梁部分が PCF 工法で，躯体柱前面壁部分は外型枠として利用されていることが，協会会員の情報により把握されていた．また下部ファスナーについては，面内方向にスライドさせて層間変位に追従させる機構を有している．

外観からの損傷の状況から判断して，現場施工の RC 構造による低層部から，外壁に PC 部材が使用されている高層部へと構造が切り替わるような階では，本震時に大きな層間変形が生じた恐れが懸念された．この傾向は「兵庫県南部地震」でも見られたもので，幾つかの被害例が確認されている．

ここで，外部からの観察では下部ファスナー周辺から発生していると思われるひび割れ等は確認されなかったことから，ファスナーのスライド機構は正常に機能したものと考えられる．PC 部材の躯体と一体化した部分も含め躯体側の損傷はないものと見受けられた．それにも関わらず PC 板間目地に目地ずれが確認されたことから，開口周りの損傷の激しさが示唆された．

なお本件は，設計事務所及び施工会社による調査および改修が行われたことを確認している．

写真 4.4.8　プレキャストコンクリートカーテンウォールの被害事例（Example of a damaged PC curtain wall）

4.4.5　考察（Observation）

今回の「2011 年東北地方太平洋沖地震」において，宮城県から千葉県に至る広範囲の PC カーテンウォール採用案件 147 件（会員施工物件 121 件及び会員外 26 件）について調査した．その結果，目立った被害例としては以下の 6 件であった．

・PC 板の脱落（仙台市内で 1 件，昭和 40 年代？）
・ひび割れの発生（仙台市内で 1 件，1988 年施工）
・面外方向への目地ずれ（水戸市内で 1 件，1976 年施工）
・角欠け（仙台，水戸，つくばの各市で各 1 件，それぞれ 1974 年，1969 年，2003 年施工）

その他に，PC 板目地部における多少の面外方向へのあばれや面内方向へのずれ，部材角部の欠け等が数件確認されているが，いずれも軽微なものと判断された．また，PCF に多く見られた開口隅部の微細なひび割れは，その構造上地震により躯体に生じたひび割れが PCF 表面に現れる現象であるため，PCF の大きな剥離現象が生じない限り特異な現象とは考えられない．

PC 板を外壁面に採用する構法は，昭和 40 年代に入って普及し始めた構法である．その初期においては，RC 造の建物に採用される例も多く，前述のように現在の様な耐震性能は求められてはいなかった．「昭和 53 年（1978 年）宮城県沖地震」の発生後，同年 10 月に通知された建設省告示第 109 号の改正により（建設省告示第 1622 号），「プレキャストコンクリート板の帳壁は支持構造部分において可動とすること」という記述が追加され，帳壁としての PC カーテンウォールの耐震性能が明記された．また，翌年 4 月に「帳壁耐震構法マニュアル」（日本建築センター）が発行され，他の非構造部材も含めた耐震性向上のための具体的方法が記述され，技術の一般への普及が図られた．

それ以前の昭和 40 年代は，PC カーテンウォールの層間変位を具体的に模す実大試験が行われ始めた時期で，そこで得られた知見やデータをもとに，昭和 50 年頃には層間変位追従方式としてのスウェイ方式やロッキング方式が，一般的な知識として定着していたと言える．しかし当時は，PC カーテンウォールの採用は都市部での計画が中心であり，地方まで含めて技術レベルや考え方が十分に浸透していたとは言い難い．

今回，会員会社の施工によらない建物での 1 枚の脱落が確認されたが，この PC 板が昭和 40 年代の施工とすれば，明解な層間変位追従機構が施されていない可能性が高い．また，設計用水平方向震度も k=0.3〜0.5 で設定されることが多く，取付け金物及び部材の配筋設計手法など現在の耐震グレードとは異なる．これらの事が，今回の震度 7 の大地震ではファスナー周りの破損に繋がったことも推測できる．

会員会社から実績報告された中から選定した調査対象案件 121 件のうち，1978 年以前に施工されたものは 19 件あった．そのうち 1 件については，部材の挙動による角欠けなどが確認されたが，他は特に異常は確認されていない．

冒頭に示した他の例も含め，今回の被害の原因は躯体や施工の状況との関連が深いものと考えられ，現在の設計手法上で早急に検討しなければならない課題は特に生じていないと考えられる．

4.4.6 おわりに（Conclusion）

東北地方太平洋沖地震では，東日本の太平洋沿岸の各県を中心に広い地域で地震被害が発生した．調査に当たっては，高層ビルが多く PC 板の採用数も多い仙台市や，関東地方でも震度の大きかった茨城県，栃木県の各都市における被害が注目された．

その結果，軽微な目地ずれなどの現象は各地で散見されたが確認された被害数は少なく，その原因からも現在の設計手法へ速やかに反映すべき課題は得られていない．

一方他の非構造部材においては，ラスモルタル外壁や挿入筋構法による ALC パネルの脱落が多数確認されており，ガラスや天井の脱落被害も生じている．これらは，比較的古い構法によるものが多いとされる中で，被害原因については個別の建物ごとの被害原因を丁寧に分析することの必要性が言われている．非構造部材の被害が，単純にその場所における震度や最大加速度などの大きさによるものではないことが改めて確認されたものと考えられる．

ここで今回の被害の状況と合わせ，「平成 7 年兵庫県南部地震」の際の教訓を省みながら，今後の PC カーテンウォールをより優れたものとするための設計の方向性について改めて下記にまとめてみる．

- PC カーテンウォールと他の部分との取合い部分での設計と施工に留意する．
他の部分として，1 階のパネルの足元での躯体取り合い，あるいはエキスパンションジョイント周り，内装材などに対して，層間変位時の挙動を十分に考慮する．
- エレベーターコアや階段室のまわりなど，躯体の剛性が他の部分と異なる構造へ PC 板が取り付けられると，地震時の変形が大きくなり，外壁被害が発生し易い．このような箇所では，構造設計者との情報のやりとりを密にし，取付け方法の再検討や建築計画上の配慮を加えることが望ましい．
- ファスナー部の検討の際に，出来るだけ PC 板のコンクリートを壊さない，アンカー金物との剛性バランスに配慮した設計を行うことが望ましく，フェイルセーフ的な考え方が必要である．
- 地震後の，特にファスナー周りの室内側からの点検が容易に出来るように設計しておくことは，被災後の早期の安全確保の観点からも今後の重要な課題と言える．

参考文献

1) （一社）プレコンシステム協会：平成 23 年（2011 年）東北地方太平洋沖地震 PC カーテンウォール地震被害調査報告
2) 佐々木 哲也，狗飼 正敏，清家 剛，山田 健二：東北地方太平洋沖地震によるプレキャストコンクリート・カーテンウォールの地震被害について，日本建築学会学術講演梗概集 C-2 分冊，pp.69-72，2012.9

4.5 天井に対する被害調査 (Research on the damage to ceiling)

4.5.1 はじめに (Introduction)

本節は平成23年度に実施された調査に基づく既報[1]をもとに編集し，一部事例を追加したものである．既報では，地震による天井の脱落被害について把握するために，アンケート調査，現地被害調査，文献調査を行い，それらについてまとめている．東日本大震災による天井被害のアンケート調査は特定行政庁と（社）日本建設業連合会に対して行った．前者については，現地被害調査の事例の選定につなげている．

東日本大震災による天井脱落被害の現地調査では13事例について情報収集・整理を行った．その中でやや特別なものを除いた11事例について，情報を横並びに整理した上で更に詳細な整理・検討を行った．

地震による天井脱落の文献調査は，新聞，テレビ，インターネット等から情報収集を行うとともに，日本建築学会の地震被害調査報告，国土技術政策総合研究所および建築研究所が実施した地震被害調査報告，建築基準整備促進事業による過去の調査報告からも情報収集を行った．

以下，それぞれの調査結果について各節で記述する．

4.5.2 東日本大震災における天井脱落被害のアンケート調査 (Survey on the damage to ceiling from the great east japan earthquake)

4.5.2.1 16都県の特定行政庁へのアンケート (Questionnaire sent to 16 prefectures)

(1) 調査概要
1) 調査目的等

本アンケートは，東日本大震災による天井被害建築物の概要を緊急に把握するとともに，現地調査を行うための基礎資料とすることを目的として実施したものである．なお，本アンケートは，下記2) に示すとおり地震による天井脱落等の被害の情報があった建築物を対象として実施したものであるため，天井被害があった建築物の全容を把握するものではないことに留意する必要がある．

2) 調査対象

平成23年5月17日現在において，新聞，テレビ，インターネット等で本年3月11日に発生した東北地方太平洋沖地震，3月12日に発生した新潟県中越地方を震源とする地震，3月15日に発生した静岡県東部を震源とする地震により，天井が脱落したと報道された建築物及び日本建築学会ホームページ等により情報を入手した建築物で，建設地及び名称が特定された建築物を対象とした．なお，(一社) 建築性能基準推進協会に設置した「地震による天井脱落対策に関する検討委員会」委員及びWG委員による現地調査が行われた建築物及び現地調査を行う予定が明らかな建築物については本アンケート調査の対象外とした．

3) 調査方法

国土交通省から対象建築物のある16都県の特定行政庁にアンケート票を送付し，67の特定行政庁から回答を得た．なお，調査票の記入にあたっては，可能な範囲で現地調査，所有者又は管理者等へのヒアリング等を行って記入いただくよう依頼した．

4) 調査年月日

平成23年5月20日～5月27日

5) 有効回答件数

151件

6) アンケート結果

有効回答件数151件についてアンケート項目別の単純集計を行った結果は以下のとおりである．

(2) 単純集計結果

1) 建物の諸元
① 建築時期（図4.5.1）

昭和56年以前が42件（28%），昭和56年以降（新耐震基準施行）が106件（71%）であった．

なお，技術的助言「大規模空間を持つ建築物の天井の崩落対策について」が出された平成13年以降は19件であった．

② 地上階数（図4.5.2）

1階が18件，2階が50件，3階が34件，4階が21件，5階が10件，6～10階が14件，11階以上が2件であった．

2) 被災場所の諸元
① 被災場所の用途（表4.5.1）

体育館・体育室が72件（48%），エントランスホール・コンコース・展示場・食堂・礼拝堂が39件（26%），事務所・会議室・教室が10件（6.6%），会議場・裁判所が6件（4%）であり，その他の用途の件数は表4.5.1のとおりである．

② 被災場所のおおよその広さ（図4.5.3）

100m² 未満が16件（11%），100～500m² 未満が30件（20%），500～1,000m² 未満が38件（25%），1,000m² 超が54件（36%）であった．

③ 被災場所のおおよその天井高さ（図4.5.4）

5m未満が42件（28%），5.1m～10m以下が27件（18%），10.1～15m以下が65件（43%），15m超が7件（5%）であった．

3) 被災天井の諸元
① 天井下地（図4.5.5）

金属が89件（59%），システム天井が25件（17%），木製が6件（4%），直天井が7件（5%）であった．

②天井仕上げ材料（図4.5.6）

ボードが104件（69%），グラスウールが18件（12%），金属が8件（5%），木が2件（1%）であった．

③クリアランス措置（図4.5.7）

ありが18件（12%），なしが75件（49%），不明が9件（6%）であった．

④振れ止めの設置（図4.5.8）

ありが34件（23%），なしが53件（35%），不明が11件（7%）であった．

＊クリアランス措置及び振れ止め設置の両方を措置していたと回答したものは12件あった．

なお，アンケートでは「措置あり」とされている建築物でも，現地調査では振れ止めの措置状況が部分的に限定されていた建築物もあった．

4）被害状況の諸元

①被害の発生した時期（図4.5.9）

本震によるものが93件（62%），本震と余震によるものが47件（31%），余震によるものが3件（2%）であった．

②天井落下の状況（図4.5.10）

天井の多くが落下43件（28%），天井の一部落下が86件（57%），天井の一部破損（落下なし）が17件（11%）であった．

③人的被害の有無（図4.5.11）

死者ありが3件（2%），負傷者ありが7件（5%），死傷者なしが135件（89%）であった．（＊原因が落下した天井部材であったかどうかは不明）

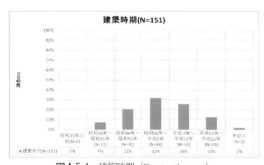

図4.5.1 建築時期 （Construction year）

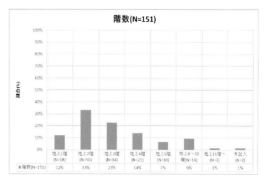

図4.5.2 地上階数 （Floor number）

表4.5.1 被災場所の用途 （Usage of the damaged rooms）

用途	件数	割合
体育館（アリーナ，弓道場などを含む），体育室	72	47.7%
エントランスホール，コンコース，展示場，食堂，礼拝堂	39	25.8%
事務所，会議室，教室	10	6.6%
会議場，裁判所	6	4.0%
プール	5	3.3%
劇場，映画館	4	2.6%
工場，給食センター	3	2.0%
通路，トイレ	3	2.0%
店舗	2	1.3%
倉庫	2	1.3%
ボーリング場	2	1.3%
未記入	3	2.0%
計	151	100.0%

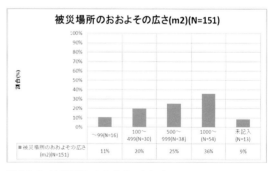

図4.5.3 被災場所のおおよその広さ （Floor area of the damaged rooms）

非構造部材

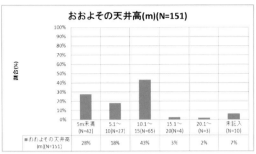

図 4.5.4 被災場所のおおよその天井高さ（The height of the damaged ceilings）

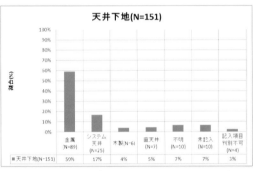

図 4.5.5 天井下地（The Bracing of the damaged ceilings）

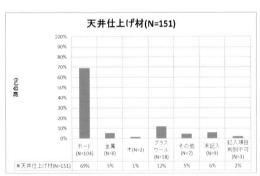

図 4.5.6 天井仕上げ材料（The finishing materials of the damaged ceilings）

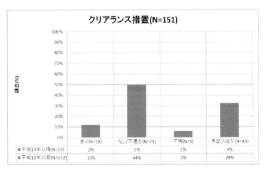

図 4.5.7 クリアランス措置（Clearance of the damaged ceilings）

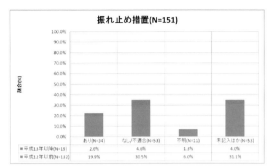

図 4.5.8 振れ止めの設置（Suspension members of the damaged ceilings）

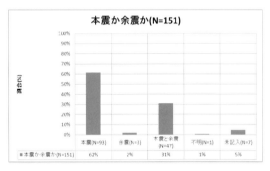

図 4.5.9 被害の発生した時期（The time when the damage occurred）

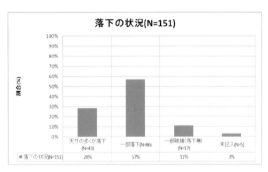

図 4.5.10 天井落下の状況（The level of damage）

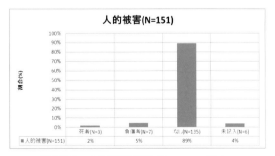

図 4.5.11 人的被害の有無（Human casualties）

— 114 —

4.5.2.2 （社）日本建設業連合会へのアンケート調査
（Questionnaire sent to the Japan Federation of Construction Contractors）

(1) 調査概要

本アンケート調査は，平成23年8月8日に（一社）建築性能基準推進協会より，（社）日本建設業連合会へ依頼を行い，18社より回答を得た．

本調査の回答によると，東日本大震災において天井に被害が生じた件数は18社で約2,000件に上ることが分かった．さらに，個別の被害状況等を把握するため，別紙1の調査票による抽出調査を実施した．対象建築物については，以下の①と②に該当する建築物がおおよそ半数程度ずつとなるよう依頼し，215件の回答を得た．

① 不特定多数の人が利用する大空間を有する建築物（体育館，ホール，映画館等）
② ①以外の建築物で，天井について顕著な被害が見られた建築物（多様な用途が含まれるよう依頼）集計結果を以下に示す．（215件中4件は被害無しとの回答であったため，211件について集計した．）

(2) 集計結果

1) 所在地と震度
① 所在地（問3）
　宮城県が78件（40%）と多く，地域的には東北地方（岩手県，山形県，宮城県，福島県）で118件（56%）であった．
② 所在地の震度（問4）
　震度6弱が最も多く（83件/39.3%），震度5強以上が179件（84.8%）であった．

2) 建築物概要
③ 構造（問6）と構造躯体の被害有無（問35-1）
　構造はS造が138件（65.4%）と多かった．構造躯体の地震被害は無しとの回答が173件（82.0%）であった．
④ 建築時期（問13）
　1996～2003年が67件（31.8%），2004年以後が55件（26.1%）と多い．
⑤ 地上階数（問9-1）
　地上階数は，1～2階が100件（47.4%），3～5階が76件（36.0%）と多い．

3) 被災場所・天井の概要
⑥ 被災場所の主要な用途（問18）
　店舗・売り場36件（17.1%），事務所35件（16.6%），ホール12件（5.7%），工場12件（5.7%）となっており，これら用途が45%を占めている．
⑦ 被災場所の室のおおよその広さ（問27）
　500m²未満が63件（29.9%），500～1,000m²未満で35件（16.6%），5,000m²以上が24件（11.4%）である．
⑧ 被災場所の天井下地（問28）
　金属製下地が172件（81.5%），システム天井（ライン）が18件（8.5%）である．
⑨ 被害の概要（問34-1，問34-2）
　在来工法：仕上材のみ落下が102件（26.4%），クリップ外れが114件（29.5%），ハンガー開きが63件（16.3%）と多い．
　システム天井：パネルのみ落下が20件（44.4%）と多い．
⑩ 天井仕上げ材の重ね枚数（問30）
　1枚張りが135件（64.0%）と多く，2枚張りは63件（29.9%）である．
⑪ 天井面のおおよその形状（問33）
　床面に対する天井面の形状は，水平・フラットが172件（67.5%）と多い．
⑫ 天井落下の状況（問22）
　天井の多くが落下が46件（21.8%），一部落下が117件（55.5%）である．
⑬ 天井落下の発生した場所の天井面内での位置（問23）
　平天井の端部での脱落が133件（36.1%），天井面の中央部分が75件（20.4%），段差部・折れ曲がり部が49件（13.3%），設備機器との取り合いが71件（19.3%）である．

4) 振れ止め，クリアランスの措置について
⑭ 振れ止めの設置について（問44）
　振れ止めは，設置なしが93件（44.1%），設置有りが110件（52.1%，うち29件（13.7%）はブレースの設置状況不明）．
⑮ クリアランスの措置について（問41～問43）
　天井面と周囲の壁等の間に十分な隙間があるか（問41）については，無しが185件（88%）で多い．
　段差などでの隙間や，設備との隙間については，該当する段差や設備があるかを含めて聞いている．段差など天井面の剛性が異なる部分相互に隙間があるか（問42）については措置無しが107件であり，段差などがあるとする回答（措置あり又は措置なしと回答があったもの）の総数に対して88.4%を占める．天井面と設備の間に隙間があるか（問43）については169件が措置なしであり，天井面に設備があるとする回答（措置あり又は措置なしと回答があったもの）の総数に対して90.9%を占める．

調査票の各問に対する集計結果を次に示す．なお，問1（会社名），問2（建築物の名称），問40（現地調査の可否）は，以下のアンケート集計では除外している．

非構造部材

問3：所在地　都道府県
・都道府県名で回答

表4.5.2　都道府県ごとの件数 (Number by prefecture)

都道府県	件数
岩手県	13
山形県	3
宮城県	78
福島県	24
栃木県	13
群馬県	1
茨城県	26
千葉県	19
埼玉県	5
東京都	15
神奈川県	8
未回答	6

211

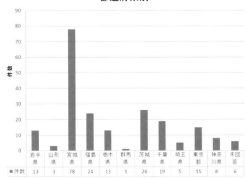

図4.5.12　アンケート集計 (Number by prefecture)

問4：所在地の震度
選択肢・5択／1. 4以下　2. 5弱　3. 5強　4. 6弱　5. 6強以上

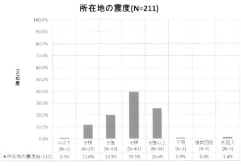

図4.5.13　所在地の震度 (The seismic intensities)

問6：構造
選択肢・8択(壁がRC造,屋根がS造の場合は　4. S+RC造と回答)
1. S造　2. RC造　3. SRC造　4. S+RC造　5. S+SRC造　6. RC+SRC造
7. S+RC+SRC造　8. その他(回答欄に具体的に記載)

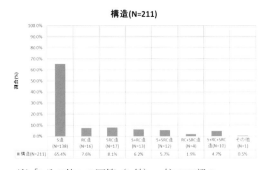

※「8.その他」の回答（1件）　柱CFT,梁S
図4.5.14　対象の構造 (The structure of the buildings)

問7：天井の吊り元
選択肢・6択
1. スラブ　2. 鉄骨大梁　3. Cチャンネル　4. ALCパネル　5. 鋼板製屋根
6. その他(回答欄に具体的に記載)

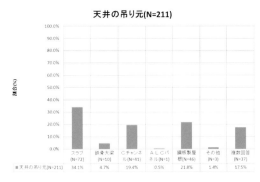

※「6その他」の回答：鉄骨下地直天井，鉄骨ぶどう棚，1,2,3の混合，鉄板
図4.5.15　天井の吊り元 (The member which is mounted above the ceilings)

問8：吊り元との接合
選択肢・5択
1. インサートねじ込み　2. 接合金物(引っ掛ける形のもの)　3. インサート金物
4. 溶接　5. その他(回答欄に具体的に記載)

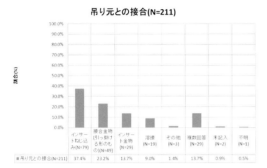

※「5 その他」の回答：H鋼挟み込み，折半インサート，ネグロスねじ止め

図4.5.16　吊り元との接合（Connection to the structure）

問9-1：階数（地上）
※階数で回答→7分類で集計

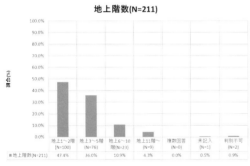

図4.5.17　階数（地上）（Floors area above ground）

問9-2：階数（地下）
※階数で回答→6分類で集計

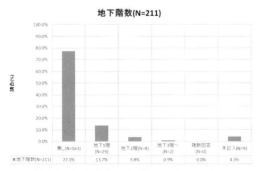

図4.5.18　階数（地下）（Floors under ground）

問10：高さ
※mで回答→8分類で集計

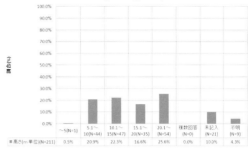

図4.5.19　高さ（Height of the buildings）

問11：延べ面積
※m^2で回答→7分類で集計

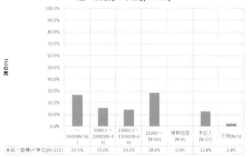

図4.5.20　延べ面積（Total floors of the buildings）

問12：建築物の用途（確認申請に準じた用途）
※自由記述
※複数用途の回答があった場合には、「その他」に分類

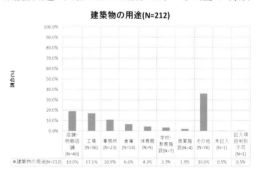

図4.5.21　建築物の用途（The usage of the buildings）

問13：建築時期
※西暦で回答→10分類で集計

図4.5.22　建築時期（The construction year of the buildings）

問14：耐震改修の有無
選択肢・2択／　1．有　2．無

表4.5.3　耐震改修の有無（Seismic reinforcement of the buildings）

耐震改修の有無	件数	割合（%）
有	6	3%
無	201	95%
未記入	2	1%
不明	2	1%

計：211

問15-1：天井の改修の有無
選択肢・2択／　1．有　2．無

表4.5.4　天井改修の有無（Improvement of the ceilings）

天井の改修の有無	件数	割合（%）
有	17	8%
無	189	90%
複数回答	0	0%
未記入	3	1%
不明	2	1%

計：211

問15-2：天井の改修時期
※問15-1で有と答えた17件について
※西暦で回答

表4.5.5　天井の改修時期（The year of improvement works）

改修時期	件数	割合（%）
～2005年	7	41%
2006年～	5	29%
未記入	3	18%
不明	2	12%

問16：改修方法
※自由記述（回答　問15-1で有と答えた17件）
・耐震ブレース設置（2件）
・躯体耐震補強，内装改修
・テナント変更に伴う内装改修工事
・事務所テナント入れ替えに伴う一部天井組替え
・天井下地ブレース補強
・工場内部天井の新規作成
・シネマの天井改修工事
・耐震補強改修工事（1階～5階）
・サブ核エリアの全面改修
・野縁クリップの開き止め，野縁受けハンガーの脱落防止のため，野縁受けで各部を挟みこみ，ビス止め，クリアランス設置
・スチールパイプの格子天井撤去．
・建築中で有った為全て再度施工を行った．
・天井の壁取り合い部にクリアランスをとる
・吊りボルトフレ止め
・耐震改修（増設壁）

問17：1棟内の被災個所
選択肢・2択／　1．一箇所　2．複数箇所

表4.5.6　棟内の被災ヵ所（The number of damage in building）

1棟内の被災箇所	件数	割合（%）
一箇所	25	12%
複数箇所	186	88%

計：211

問18：被災場所の主要な用途
※自由記述
※複数用途の回答があった場合には，「その他」に分類

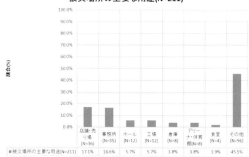

図4.5.23　被災場所の主要な用途（The usage of the damaged rooms）

問19：被災場所の存する階
※階数で回答
※被災場所の位置を，概ね3層（下層・中層・高層）に分類，全層のうち7割程度が該当する階がある場合には全層とした．

図 4.5.24 被災場所の存在する階（The floor of the damaged rooms）

問20-1：被災の発生した日時
選択肢・2択 ／ 1. 本震（3月11日 14：46） 2. 余震

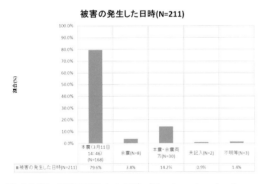

図 4.5.25 被害の発生した日時（The date when the damage occurred）

問20-2：余震日時
※自由回答
・3/11（2件）
・4/7（28件）
・4/11（1件）
・随時（1件）

問21：被災時の利用状況
選択肢・3択 ／ 1.在室者あり 2.在室者なし 3.不明

表4.5.7 被害時の利用状況（The situation of the room when the damage occurred）

被災時の利用状況	件数	割合（%）
在室者あり	134	64%
在室者なし	34	16%
不明	39	18%
複数回答	2	1%
未記入	1	0.5%
記入項目判別不可	1	0.5%

問22：天井落下の状況
選択肢・3択
1. 天井の多くが落下 2. 一部落下 3. 一部破損（落下は無し）

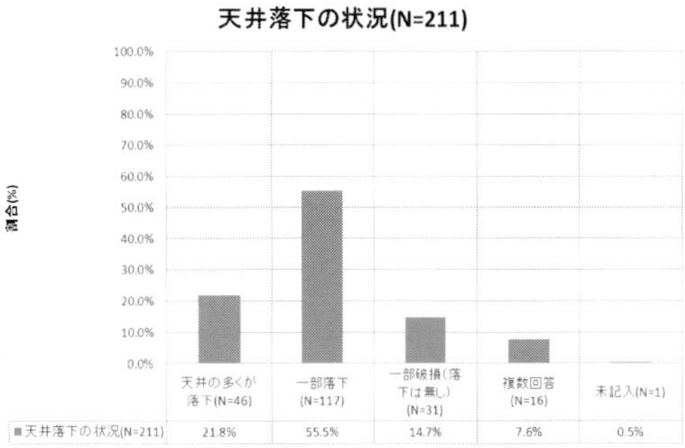

天井落下の状況(N=211)

	天井の多くが落下(N=46)	一部落下(N=117)	一部破損(落下は無し)(N=31)	複数回答(N=16)	未記入(N=1)
天井落下の状況(N=211)	21.8%	55.5%	14.7%	7.6%	0.5%

図 4.5.26 天井落下の状況（Intensity of the damage to ceilings）

問23：天井落下の発生した場の天井面内での位置
選択肢・4択（複数回答可）
1. 平天井の端部で脱落　2. 天井面の中央部分で脱落　3. 段差部・折れ曲がり部で天井が脱落　4. 設備機器との取り合い部分　5. その他（　　　　）で脱落

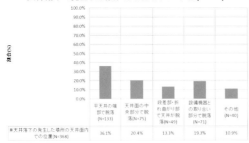

※「5 その他」の回答：
全面／天井ボードの端部が欠け／可動吊り部材と壁が衝突し，壁が一部破損／ぶどう棚と躯体の接合部の破損防火区画壁取合い部で脱落／区画壁の破損による天井ボードの脱落，及び脱落はなかったがハンガークリップの外れ多数／柱廻り／シャッター取り合い／パーティション部／落下はなし．吊ボルトが天井を貫通して落下／ユニットなのでユニットでの端部／壁・間柱取合い／軒天全面／脱落なし（2件）

図 4.5.27　天井落下の発生した場所の天井面内での位置 (The damaged part of the ceilings)

問24-1：人的被害の有無
選択肢・2択 ／ 1. 有　2. 無

表 4.5.8　人的被害の有無 (The number of human casualties)

人的被害の有無	件数
有	6
無	197
未記入	8
記入項目判別不可	0

問24-2：死者数
※人数で回答　（問24-1で有と答えたものについて）

表 4.5.9　死者数 (The number of death)

死者数	件数
0名	5
未記入	1
記入項目判別不可	0

問24-3：負傷者数
※人数で回答　（問24-1で有と答えたものについて）

表 4.5.10　負傷者数 (The number of injuries)

負傷者数	件数
〜2名	1
3名〜	5
未記入	0
記入項目判別不可	0

問25：被災場所のおおよその天井高さ
※メートルで回答→8分類で集計

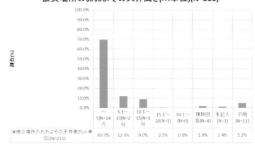

図 4.5.28　被災場所のおおよその天井高さ (The height of the damaged ceilings)

問26：被災場所の天井のふところのおおよその高さ
※メートルで回答→8分類で集計

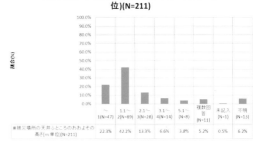

図 4.5.29　被災場所の天井ふところのおおよその高さ (The plenum height of the damaged ceilings)

問27：被災場所の室のおおよその広さ

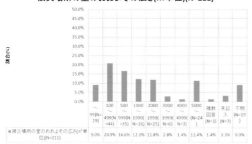

※m²で回答→11分類で集計

図4.5.30　被災場所の室のおおよその広さ（The floor area of the damaged room）

問28：被災場所の天井下地
選択肢・7択
1. 木製下地　2. 金属製下地　3. システム天井（ライン）
4. システム天井（クロス）　5. 直天井　6. 不明　7. その他（回答欄に具体的に記入）

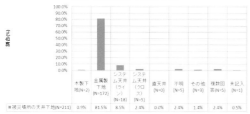

※「7 その他」の回答：鉄骨下地直天井，EXP対応（片方吊ボルト，もう1方レール），アルミスパンドレル専用下地（ステンレス）

図4.5.31　被災場所の天井下地（The suspension system of the damaged ceilings）

問29：被災場所の天井仕上げ材料
選択肢・7択
1. 木製板（合板等）　2. ロックウール吸音板　3. せっこうボード　4. けい酸カルシウム版　5. 金属　6. 不明
7. その他（回答欄に具体的に記入）

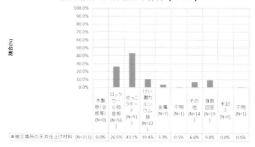

図4.5.32　被災場所の天井仕上げ材料（The finish material of the damaged ceilings）

問30：被災場所の天井仕上げ材の重ね枚数
選択肢・4択　／　1. 1枚（直張り）　2. 2枚　3. 3枚以上　4. その他

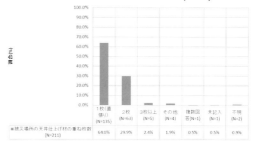

図4.5.33　被災場所の天井仕上げ材の重ね枚数（Number of finish boards of the damaged ceilings）

非構造部材

問31：天井落下に影響した（可能性のある）設備
選択肢・8択（複数回答可）
1. 空調 2. 照明 3. スピーカー 4. スプリンクラー
5. 給排水管設備 6. 不明
7. 無 8. その他（回答欄に具体的に記入）

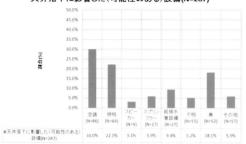

※「8 その他」の回答：
排煙口，電気ケーブル，ガラス防煙垂壁，テレビモニター他，テレビ会議設備モニター，シャッター，電気ケーブルラック，天井内歩廊，換気ダクト天井突きだし部
図4.5.34　天井落下に影響した（可能性のある）設備（Equipment that may have affected the damage to the ceilings）

問32：問31の振れ止め等の耐震対策
選択肢・2択　／　1. 有　2. 無

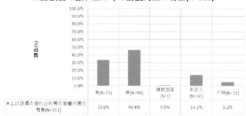

※複数回答の内容：混在していた
図4.5.35　振れ止め等の耐震対策（Seismic bracing for the equipments）

問33：天井面のおおよその形状
選択肢・5択（複数回答可）
床面に対し　1. 水平・フラット　2. 傾斜　3. 曲面　4. 段差あり　5. その他（回答欄に具体的に記入）

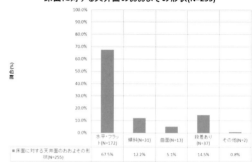

※「5 その他」の回答：ホールの天井
図4.5.36　床面に対する天井のおおよその形状（The cross-section shape of the damaged ceilings）

問34-1：被害の概要（在来工法）
選択肢・9択（複数回答可）
1. 天井仕上材のみの落下（野縁から仕上材のみが脱落）
2. 野縁と野縁受けを接合するクリップの外れ
3. 野縁受け同士をつなぐ接合部の（金物，溶接）の外れ
4. 野縁受けと吊りボルトを接合するハンガの開き，破断，外れ
5. ブレースの接合部（溶接，金物）の外れ
6. 吊りボルト自体の破断
7. 吊りボルト上部の接合金物の外れ
8. 吊りボルトの溶接接合部の破断
9. その他の被害（回答欄に具体的に記入）

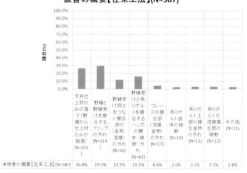

※「9 その他」の回答：
内壁と衝突して，野縁，野縁受けが座屈／天井段差間の壁が下地（スタッド）と共に脱落
／津波被害あり
図4.5.37　被害の概要（在来工法）（The damage to ceilings by conventional method）

問 34-2：被害の概要（システム天井）
選択肢・9 択（複数回答可）
1. 天井パネルのみの落下
2. バー同士の継手接合部，クロス接合部の破断，外れ
3. T バーと吊りボルトを接合する T ハンガの開き，破断，外れ
4. T バーと野縁受けを接合する CT ハンガの開き，破断，外れ
5. H バーと野縁受けを接合する CH クリップの外れ
6. 野縁受けと吊りボルトを接合するハンガの開き，破断，外れ
7. ブレースの接合部（溶接，金物）の外れ
8. 吊りボルト自体の破断
9. 吊りボルトの溶接接合部の破断
10. その他の被害（回答欄に具体的に記入）

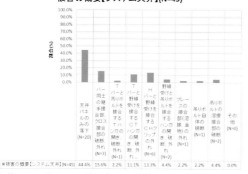

※「10 その他」の回答：なし（0 件）
図 4.5.38　被害の概要（システム天井）（The damage to system ceilings）

問 35-1：構造躯体の被害有無
選択肢・2 択　／　1. 有　2. 無

表 4.5.11　構造躯体の被害有無（The damage in the structure）

構造躯体の被害の有無	件数	割合（%）
有	21	10.0%
無	173	82.0%
未記入	7	3.3%
不明	10	4.7%

問 35-2：構造躯体の被害内容
選択肢・11 択（複数回答可）
1. 主要な柱の破壊　2. 大梁の破壊　3. 耐力壁の破壊
4. 基礎の破壊
5. 基礎ぐいの破壊　6. 小屋組の破壊　7. 土台の破壊
8. 斜材の破壊
9. 床版の破壊　10. 屋根版の破壊　11. その他の被害（回答欄に具体的に記入）

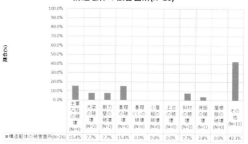

図 4.5.39　構造躯体の被害箇所（The location of damage to the structure）

表 4.5.12　構造躯体の被害内容（The damage in the structure）

質問 36：質問 35 の構造躯体の被害内容の詳細 回答：7 件
筋かい（鋼管ブレース）ガセットプレートの変形（2 件）
柱壁が RC 造，屋根が S 造＋折半屋根の構造で，屋根受け鉄骨仕口廻りに損傷
水平屋根ブレースの破断が該当天井を有する室で各所にみられた．
鉄骨小梁を斜めに架けた場所 1 か所のボルト破断
アンカーボルト降伏
構造体では無いが，間仕切 ALC パネルの倒壊有り（2F 分の 1/2 程度）

問 37：復旧の状況
選択肢・4 択
1. 復旧済　2. 復旧工事中　3. 被災時のまま（落下物撤去済）　4. 被災時のまま（落下物未撤去）

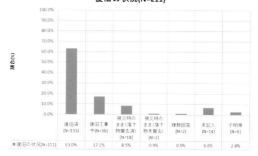

図 4.5.40　復旧の状況（The recovery level from the damage）

問38：復旧の方法
選択肢・3択
1. 従前と同じ仕様で復旧　2. 従前と違う仕様で復旧（落下防止対策等を講じるための仕様の変更）　3. 従前と違う仕様で復旧（落下防止対策を目的とするものではない仕様の変更）

図4.5.41　復旧の方法（The method of recovery）

問39：従前と違う仕様で復旧した場合の落下防止対策
※自由記述
※回答をもとに，以下のとおり（1〜17）に分類

表4.5.13　落下防止対策（The methods to prevent damage）

落下防止対策		
	内容	件数
1	振れ止め(耐震ブレース)の設置・補強	49
2	クリアランス設置・変更	21
3	接合金物の補強	16
4	天井下地の補強・耐震化	14
5	設備機器振れ止めの設置・補強	8
6	天井材の撤去・軽量化	8
7	天井材の落下防止金物取付け	5
8	吊りボルト・野縁受けの増強	3
9	躯体の補強	3
10	CTハンガーの補強	3
11	間仕切壁固定の補強	3
12	天井段差部の補強	2
13	天井周囲の固定	2
14	システム天井から在来天井に変更	2
15	在来天井からシステム天井に変更	1
16	天井板の変更	1
17	不明	3

問41：クリアランスの措置について（天井面と周囲の壁等の間に，十分な隙間があるかどうか）
選択肢・3択
1.措置なし
2.措置あり（クリアランスの間隔など具体的な措置内容を回答欄に記入）

表4.5.14　クリアランスの措置について（The clearance around the ceiling）

クリアランスの措置について（天井面と周囲の壁等の間に，十分な隙間があるかどうか）	件数	割合（％）
措置なし	185	88%
措置あり（クリアランスの間隔など具体的な措置内容）	22	10%
複数回答	0	0%
未記入	4	2%

クリアランスに対する回答[（　）内は件数]：
6mm（1），10mm（1），25mm（1），30mm（1），50mm（2），150mm（1），170mm（1），50以上（1），10〜20mm（1），その他（元々ユニット状の天井が吊られており，各ユニットの周囲にクリアランスがある／天井の各パネルには隙間がある）

問42：クリアランスの措置について（凹凸，段差など天井面の剛性が異なる部分相互に，隙間があるかどうか）
選択肢・3択
1.措置なし
2.措置あり（クリアランスの間隔など具体的な措置内容を回答欄に記入）

表4.5.15　クリアランスの措置について（The clearance at the difference within the ceiling）

クリアランスの措置について（凹凸，段差など天井面の剛性が異なる部分相互に，隙間があるかどうか）	件数	割合（％）
天井面の剛性の異なる部分なし	85	40.3%
措置なし	107	50.7%
措置あり（クリアランスの間隔など具体的な措置内容）	14	6.6%
未記入	4	1.9%
不明	1	0.5%

クリアランスに対する回答[（　）内は件数]：
5mm（1），20mm（1），30mm（1），その他（段差部分・柱廻り・壁取合いに50mmのクリアランスを取っている／段差部には見切りがあり，見切りとパネルには隙間があいている）

問43：クリアランスの措置について（天井面と設備の間に，隙間があるかどうか）
選択肢・3択
1.措置なし
2.措置あり（クリアランスの間隔など具体的な措置内容を回答欄にご記入下さい）

表4.5.16　クリアランスの措置について（The clearance between the ceiling and the adjacent equipments）

クリアランスの措置について（天井面と設備の間に，隙間があるかどうか）	件数	割　合（%）
天井面に設備なし	15	7%
措置なし	169	80%
措置あり（クリアランスの間隔など具体的な措置内容）	17	8%
未記入	5	2%
不明	5	2%

クリアランスに対する回答[（　）内は件数]：
30mm（2），50mm（1），その他（設備機器廻りに50～100mmのクリアランスを取っている／設備配管と天井吊ボルトの間を300mm～400mmの離隔を取っていた／照明器具とのクリア12.5mm.）

問44：振れ止めの設置について（吊りボルトにブレースを設置する等）※水平部材は振れ止めに含まない．
選択肢・6択
1.設置していない
2.設置あり（吊りボルトの大半にブレースを設置）
3.設置あり（吊りボルトの半数程度にブレースを設置）
4.設置あり（吊りボルトの2～3割程度にブレースを設置）
5.設置あり（吊りボルトのごく一部にブレースを設置）
6.設置あり（ブレースの設置状況不明）

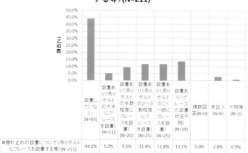

図 4.5.42　振れ止めの設置について（The bracing to the suspension members）

問45：当該建築物は，天井崩落対策に係る技術的助言（平成13年6月1日国住指発第357号，平成15年10月15日国住指発第2402号）を参考としていましたか
選択肢・3択
1.参考としていた
2.参考としていない
3.不明

表4.5.17　当該建築物は，天井崩落対策に係る技術的助言を参考としていましたか（Reference to the Technical Advice by MLIT）

当該建築物は，天井崩落対策に係る技術的助言を参考としていましたか	件数	割　合（%）
参考としていた	29	14%
参考としていない	121	57%
不明	60	28%
未記入	1	0%

非構造部材

4.5.3 東日本大震災における天井脱落被害の現地調査
（Field study on damage to ceiling by the Great East Japan Earthquake）

4.5.3.1 目的（Purpose）

東日本大震災による天井脱落の情報を収集し，被害防止・軽減のための対策や基準のあり方について検討するためには，天井の種類や被災場所の用途等といった基本的な情報に加え，下地構成を含む天井の仕様，被害箇所・部位，損傷・破壊形態等の詳細な情報についても把握しておく必要がある．これらの詳細情報を得ることを目的として，現地調査を実施することとした．

なお，本検討は平成23年度に開始されたものであり，震災から一定の期間が経過しているため，被害のあった天井の補修・改修等が進んでいるものも多い状況であり，現地調査は被災状況が確認できるものを優先して可能な範囲で実施した．

4.5.3.2 調査対象（Subject of the research）

現地調査の対象を絞り込むため，4.5.2 に示したアンケート調査をまず実施し，発生した天井被害に関する基本的な情報を収集した．アンケートでは必ずしも大規模な空間に限定することなく，幅広く情報を求めている．アンケートの結果から，被災状況が保存されているものを優先するとともに，建築物の用途，被災場所の規模，天井の損傷・破壊形態等が偏らないように対象建築物の候補を選定した．中には震災後に学会や他機関等で現地調査がなされ被害状況が報告されているものもあるが，被害や地震後の対応に特徴のあるものや，震災前の天井の耐震改修が功を奏したと思われるものは候補に含めた．建築物A〜Kについては5月下旬から7月中旬にかけて現地調査を実施し，建築物Lについては現地調査に基づく中間報告から被害についてとりまとめた．被害のあった天井の補修・改修等が済んでいたものや進められていたものもあるが，現地に赴いて調査を行ったものは，建築物内部の空間構成や構造に加えて天井の仕様等を把握するとともに，被災時の状況に関する詳細な情報を収集している．

表4.5.18に，建築物A〜Jについて，建築物の諸元，被害発生時の諸元，天井被害発生場所の諸元，脱落した箇所の天井の詳細な仕様，被害状況をまとめて示す．建築物Kについては昨今の工法と異なり，建築物Lについては天井が重く特殊であるため，表には含めていない．建築物Jでは2つの場所を取り上げ，計11事例について整理した．これらの情報はアンケートの回答と現地調査時の目視や計測，ヒアリング等に基づいているが，天井の仕様等については調査の中で確認できた範囲のものであることを予めお断りしておく．以下，対象建築物やその天井等の概要を述べる．なお事例K，Lについては別途詳細な調査が行われている．

(a) 建築物及び被災場所の諸元

対象建築物は，宮城県，福島県，茨城県の3県にあり，本震の際の震度は5強から6強である．建設年は，いわゆる新耐震基準が施行された昭和56年より前の建築物が3件，以降のものが7件であり，後者のうち天井に関する最初の技術的助言が出された平成13年以降のものは2件（A, E）である．被災場所は，今回の震災前にも天井脱落被害の報告がある空港ロビー，体育館，ホールといった用途に加えて，展示室，観覧席・通路，会議場という用途も選択した．被災場所のおおよその広さは500m^{2}未満のものが1事例（I），天井の脱落防止対策に関して調査対象となる500m^{2}以上のものが10事例（A, B, C, D, E, F, G, H, J）である．被災場所のおおよその天井高さは，5m未満のものが4事例（G, H, I, J（展示室）），10m以上のものが7事例（A, B, C, D, E, F, J（ホール））である．

(b) 天井の仕様等に関する詳細な情報

上述の選定経緯の結果として在来工法による天井又はそれに準ずる天井が主な調査対象となった．天井板は在来工法のほとんどが捨て張り工法である．被災場所の天井の形状は一様に水平なもののほか，一様な勾配のあるもの（山形架構の屋根面に平行な勾配天井），天井の断面形状の一方向が複雑なもの，段差が多いものなどを含んでいる．天井の吊り元は，スラブや鋼板製屋根等である．吊り元との接合は接合金物やインサートによる．吊り長さは短いもので50cm程度，長いもので4m弱である．ダクト等により部分的に吊りボルトが不足していたと考えられるもの（A, J（展示室））もある．震災前に天井の補強・改修がなされていたものが2事例（C, D）含まれている．

4.5.3.3 被害（Damage）

建築物Dを除く全ての10事例で，天井が床面まで落下した．天井板が天井下地と一体で床面まで落下したものが多く，野縁受けより下の部分がハンガーから脱落したものもあった．後述の(b)及び(c)のとおり特定の箇所や部材・接合部の損傷に起因するもののほか，天井の脱落や垂れ等の被害の主な要因としては，山形架構の屋根面に平行な勾配天井の耐震性に関する配慮不足，斜め部材の配置の偏りや量の不足，ダクト等による吊りボルトの不足，が挙げられる．

なお，全ての建築物の構造躯体は軽微なものを除いて特に構造的な被害を被っていない．

(a) 人的被害

10事例のうち7事例が被害発生時に使用中であったが，被災場所に居た人々が被災場所以外の所へ即座に避難したという事例も多く，人的被害は2事例に留まっている．時間帯や曜日，使用状況等によってはより多くの人的被害を生じた可能性があると考えられる．

(b) 被害箇所の天井面内の位置

　天井が全面的に脱落（全面・ほぼ全面・区切られた一面の天井が脱落）したものは3事例（A, G, I）である．部分的に脱落した箇所の天井面内での位置は，端部・他の部位との取り合い部が8事例（A, B, C, D, E, F, H, J（展示室））と最も多く，段差部・折れ曲がり部が5事例（C, D, E, H, J（ホール）），天井面の中央部（山形架構の棟と軒との中間部を含む．）が4事例（B, D, E, F）である．その他，エキスパンションジョイント部での天井の脱落も1事例（H）確認された．位置としては従来の被害と同様である．

(c) 部材の被害状況

　部材の被害状況としては，従来から指摘されているクリップの外れが多い（A, B, C, E, F, H）が，これまであまり着目されていなかったハンガーの開きやそれに起因すると考えられる天井の脱落がいくつかの事例（B, C, G, H, I, J（展示室））で見られた．

　技術的助言に沿った措置が施されていたと考えられる建築物Eについては，H形鋼の梁に取り付けられた吊りボルトの吊り元の金物や，斜め部材の点付け溶接が地震時の振動によって損傷し，多くの箇所で外れてしまったため，天井が脱落するに至ったと思われる．

4.5.3.4　現地被害調査のまとめ（Summary of the field study）

　本節では東日本大震災による天井脱落に関して，天井の仕様等の詳細情報を得るために実施した現地調査について報告した．限られた範囲であるが，調査結果から対策等を考える上で着目すべき項目をまとめると次のようになる．

- 天井の形状：山形架構の屋根面に平行な天井
- 天井の箇所：端部，段差部・折り曲がり部，エキスパンションジョイント部
- 下地の構成・配置：斜め部材の配置のバランスと量，接合部（金物，溶接）の外れ，ダクト等による吊りボルトの不足
- 部材単体：クリップの外れ，ハンガーの開き

非構造部材

表 4.5.18 現地被害調査対象事例 (Example of subjects from the field study)

		建築物A	建築物B	建築物C	建築物D	建築物E	建築物F	建築物G
現地調査日（平成23年）		6/28	6/28	7/3	7/3	7/4	7/4	7/4
建築物の諸元	建設地	茨城県	茨城県	宮城県	宮城県	宮城県	宮城県	宮城県
	建設年	平成22	昭和60	昭和62	昭和48	平成17	平成6	平成12
	構造	S造	SRC造・S造・RC造	RC造・S造	SRC造	S造・RC造	S造	S造
被害発生した地震／本震時の周辺の震度		本震／6弱	本震・余震／6弱	本震・余震／6弱	本震／6弱	本震・余震／6強	本震・余震／6強	本震・余震／6強
被災発生時の使用状況		使用中	使用中	使用中	不使用	使用中	使用中	使用中
被災場所の主な用途		空港ロビー	体育館	ホール	ホール	体育館	体育館	展示室
被災場所のおおよその広さ(㎡)／天井高さ(m)		942／14.0	1800／10.7～14.9	1100／14.9	900／15	850／10.7～11.6	942／11.6～14.6	1450／3.6
天井種類	在来工法による天井及びそれに準ずる天井	○	○	○	○	○	○	
	システム天井							
	木製下地の天井							○
天井の断面形状		一様に水平	一様に勾配	一方向が勾配	一方向が勾配	一様に水平	一様な勾配	一様に水平
天井の面概要図								
脱落した箇所の天井仕様	スラブ			[○(RCスラブ)]	[○(RCスラブ)]			
	鉄筋大梁			○(シーリング堂下横架材)	○(1次下地)			○(鉄骨フラットスラブ)
	Cチャンネル		○(母屋材)	○(母屋材)			○(母屋材)	
	ALCパネル							
	鋼板製屋根							
	インサートねじ込み							
	接合金物(引っ掛ける形のもの)			○		○		
	インサート金物以外			[○]	[○]	○		
	溶接					○		
	その他							
	捨て張り工法	○(一方向)		○(一方向)		○	○	○
	直張り工法		○					
	その他							
吊り元※[]内は脱落箇所以外	おおよその吊り長さ(cm)	160	230～310	50	60	70～100	75	52～53
	細かな水平部材・斜め部材	○		○(一方向)(両方向)		○		
	水平部材	○	○			○		
	その他							
吊り元との接合部材※[]内は脱落箇所以外	クリアランスあり			[クリップなど(カシ・溶接・斜め部材設置)]	[○]	○		○
	クリアランスなし	○(一方向)		○(一方向)				
ダクト等による吊りボルトの不足								
天井の補強・改修あり※[]内は脱落箇所以外					(全面改修、天井断面形状変更、天井仕様変更)			
被害箇所の水平面内の位置	全面・ほぼ全面・区切られた一面		○	○	○	○	○	○
	端部・他の部位との取り合い部	○	○	○	○	○	○	○
	平面の中央部			○		○		○
	段差部・折れ曲がり部							
	その他							
脱落した箇所の節部材の被害の状況	吊り元との接合部の外れ	○	○	○	○	○	○	○
	斜め部材の溶接部の外れ			○		○		
	ハンガーの開き		○	○		○		○
	ハンガーの吊りボルトからの外れ		○	○		○		○
	野縁受け継手部の外れ(金物接合)		○	○		○	○	○
	野縁受けのハンガーからの外れ	○	○	○		○	○	○
	クリップの野縁受からの外れ	○	○	○		○	○	○
	天井板が天井下地と一体で落下	○	○	○		○	○	○
	天井板が野縁からの外れて落下	○	○	○		○	○	○
天井の床面への落下		○	○	○		○	○	○
人的被害の有無								

※天井の仕様・被害状況は現地調査で確認した範囲について記述。

第4章 非構造部材の部材別被害

		建築物H	建築物I	建築物J
現地調査日(平成23年)		7/11	7/11	7/11
建築物の諸元	建設地	福島県	福島県	福島県
	建設年	平成5,7	昭和54	昭和45
	構造	S造(一部SRC造)	SRC造	SRC造
被害発生時の諸元	複数が発生した地震／本震時の周辺の震度	本震／5強	本震／6強	本震・余震／5強
	被害発生時の使用状況	不使用	不使用	不使用
被災場所の主な用途		観覧席・通路	会議場	展示室
被災場所のおおよその広さ(㎡)／天井高さ(m)		1450／2.5～3.2	207／3.1～4	500／4.5
天井種類	在来工法による天井及びそれに準ずる天井	○	○	○
	システム天井			
	木製下地の天井			
天井の断面形状		段差が多い部分的に曲面一様な勾配	段差が多い	一方向が複雑 一様に水平
天井の断面概要図				
脱落した箇所の天井の詳細およびその吊り長さ(cm)	吊り元 ※[ ]内は脱落箇所以外	スラブ	○(デッキプレート)	○(デッキプレート)
		鉄骨大梁		
		Cチャンネル		○(母屋材)
		ALCパネル		
		鋼板製屋根		
	吊り元との接合 ※[ ]内は脱落箇所以外	インサートねじ込み	○(最上階)	○
		接合金物(引っ掛ける形のもの)		○
		インサート金物		
		溶接		
		その他		
	天井板	捨て張り工法		
		直張り工法	○	○
		その他		
		140～390	180	(2段吊り天井)
	吊りボルト等への斜め部材 水平部材 ※[ ]内は脱落箇所以外	斜め部材		
		その内、配置に偏りを確認したもの		(曲面部吊りなし)
		水平部材		○
	クリアランス有り			
	ダクト等による吊りボルトの不足			
天井の補強・改修あり ※[ ]内は脱落箇所以外				
脱落した箇所の天井の部材被害の状況	被害箇所の天井面内の位置	全面・ほぼ全面・区切られた一面	○	○
		端部・他の部位との取り合い部	○(Exp.J部)	○(通路)	
		平面の中央部			
		段差部・折れ曲がり部	○		
		その他			
		吊り元との接合部の外れ		○	○
		斜め部材の溶接部の部材の外れ			
		ハンガーの開き			
		ハンガーの吊りボルトからの外れ	○	○	○
		野縁受け継手部の外れ(金物接合)	○	○	○
		野縁受け同士の溶接接合の外れ	○	○	○
		野縁受けのハンガーからの外れ	○	○	○
		クリップの野縁受けからの外れ	○	○	○
		天井板付の天井下地と一体で落下	○	○	○
		天井板が野縁からから外れて落下	○	○	○
天井の床面への落下		○	○	○
人的被害の有無				

※天井の仕様・被害状況は現地調査で確認した範囲について記述。

非構造部材

4.5.3.5 被害事例（Damage study）
＜建築物A（茨城県小美玉市）＞
[基本データ]
- 建築時期：平成22年
- 構造・階数：鉄骨造・地上2階（一部3階）
- 延床面積：8057.58m^2
- 被災場所の用途：空港ロビー
- 被災場所のおおよその広さ：942m^2
- 被災場所のおおよその天井高：14.0m

[建築物概要]
- 吹き抜け上部の鋼板屋根のスパンは17.7m．

[天井概要]
- スプリンクラーはない．
- 入口側端部に吊りボルトはない．

[技術的助言との対応（クリアランスの確保，斜め部材の設置）]
- クリアランスが確保されていないところもあった．斜め部材は設置されていた．

[天井被害概要]
- 被害発生時間：本震と余震の両方．
- 本震で，出発ロビーの吹き抜け上部にある7枚の天井面のうち，1枚が脱落し，1枚の端部が垂れた．
- 被災後に吹き抜け部の天井を撤去して，4月1日には2階を含めて再開したとのこと．
- エレベータを登ったところの売店上部の天井が本震で被害を受けて，余震で再び被害を受けたとのこと．
- 天井裏の点検を4/11以降に実施した際，天井裏にナットが落ちていたものの，どこから落下したものかは分からずじまいだったとのこと．
- 設計者から，「天井は1.1Gに耐えられるようにしているが，今回の地震による揺れを計算すると1.18Gであった」と説明を受けている，とのこと．

[天井以外の被害概要]
- 3階の設備機器，ダクトの保温カバーに被害が見られた．屋上（3階）にある電気温水器のコンプレッサーが台座からずれ落ちた．

[天井落下時の状況及び負傷者]
- 搭乗口の方へ退避したこと等により，負傷者は出なかったとのこと．

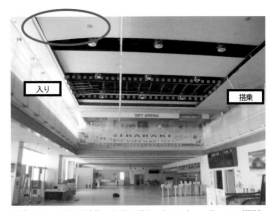

写真A.1　天井が脱落した後の状況（2011年3月12日撮影）(After the ceiling fell down)
赤点線台形内が天井脱落箇所，赤楕円内が天井面が垂れた箇所

写真A.2　被災後に天井面を張らなくした状況（2011年6月28日撮影）(View after the ceiling removal works)

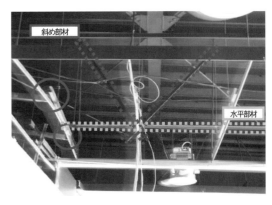

写真A.3　脱落せずに残った下地の様子（搭乗口側：2011年3月12日撮影）(Unfallen suspension members after the earthquake)
赤円内箇所で吊りボルトに取り付けられた水平材にC形鋼が突き付けられる形になっている

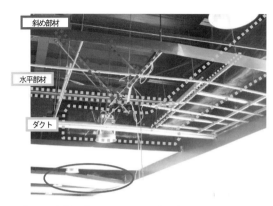

写真A.4 脱落せずに残った下地の様子（入口側：平成2011年3月12日撮影）（Unfallen suspension members after the earthquake）赤楕円内は端部で垂れた天井

＜建築物B（茨城県）＞
[基本データ]
・建築時期：昭和60年
・構造・階数：鉄骨鉄筋コンクリート造・鉄骨造・鉄筋コンクリート造・地上2階
・延床面積：4216.79m²
・被災場所の用途：体育館アリーナ
・被災場所のおおよその広さ：1800m²
・被災場所のおおよその天井高：10.7〜14.9m

[建築物概要]
・山形架構（入母屋形状）．
・アリーナは37.4m×54.9m≒2050m²．
・アリーナの天井裏の四隅に排気用の設備がある．

[天井概要]
・吊り長さは2.3〜3.1m程度．野縁間隔は35〜40cm．

[技術的助言との対応（クリアランスの確保，斜め部材の設置）]
・端部でクリアランスは取られていない．落下した部分の天井の下地材には水平部材があり，斜め部材はキャットウォーク下部に吊りボルトで溶接されているもののみ確認できた．

[天井被害概要]
・被害発生時間：本震と余震の両方．
・隅部の天井が部分的に落下している．衝突によると思われる．
・張間方向のスパン1/4の辺りの天井面中央部で天井が脱落している．ここではハンガーの開きが多く確認され，野縁受けの外れなども見られた．また，吊りボルトが弓なりに曲がっているものも見られた．
・体育館の内部は湿気が多いのかカビ臭く，天井のところどころにカビが見られた．また落下した天井も湿っているように感じた．

[天井落下時の状況及び負傷者]
・落下時にはアリーナで卓球が行われていたが，地震時に外へ逃げたため，人的被害はなかった．

写真B.1 脱落した天井（Damaged Ceiling）

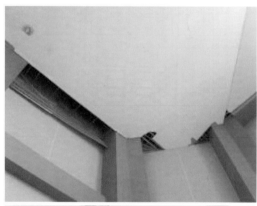

非構造部材

写真B.2 隅部での天井の損傷 (Damaged ceilings in the corner)

写真B.4 天井中程の状況（北側）（斜め部材をキャットウォーク下部に溶接）(Steel rod welded to the catwalk at the middle of the ceiling)

写真B.3 天井上端部の取り合い（北側）（円内の溶接部分は損傷している）(Damaged part welded to the other components)

第4章　非構造部材の部材別被害

写真 B.5　天井下端部の取り合い（北側）（突き付け，溶接等による留め付けは確認されない）（Bottom end of the ceiling）

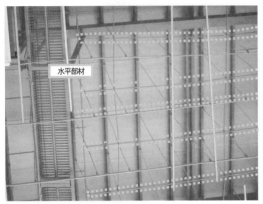

写真 B.6　脱落した天井の下地の様子（Suspension members of the damaged ceiling）

写真 B.7　天井脱落箇所の状況（円内でハンガーが開いている）（Damaged hangers）

写真 B.8　天井脱落箇所のハンガーと野縁受けの接合箇所の状況（ハンガーが軒並み外れており，溶接接合された野縁受け同士の接合箇所が損傷している）（Damaged and detached furrings at the welded connection）

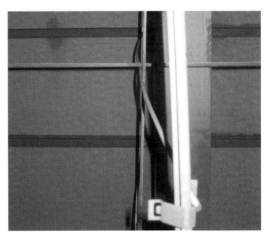

写真 B.9　天井脱落箇所の吊りボルトの損傷例（ハンガーが開き，吊りボルトが弓なりに曲がっている）（Damaged suspension members）

非構造部材

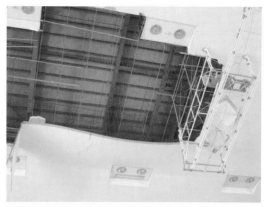

写真 B.11 垂れたものの落下に至っていない天井 (Damaged and dangled ceiling members)

山形屋根架構に設置された天井の典型的な被害例と考えられる本体育館ついて,微動計測及び数値解析により,構造躯体の固有振動数や固有モード等の振動特性を把握した.

微動測定は 2012 年 1 月中旬に屋根面で実施した.計測位置は図 B.1 に示す○印の点で,トラス梁の下弦材に 3 軸微動計測計を設置して計測を行った.図 B.2 に上下方向成分のフーリエ振幅スペクトルを示す.1 次は 0.323 秒と判断される.

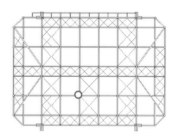

図B.1 微動計測位置 (Location of tromometer)

写真B.10 床面に落下した天井 (Fallen suspension members and finished boards)

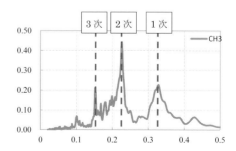

図 B.2 フーリエスペクトル (横軸は周期(sec.)) (Fourier spectrum)

数値解析による固有値解析結果を図 B.3 に示す．固有周期は微動計測結果とよく対応している．1 次及び 2 次は張間（短辺）方向，3 次モードは桁行（長辺）方向の振動モードとなっている．1 次及び 2 次のモードで振幅が大きくなる箇所が，天井の脱落被害を生じた領域に対応していることが分かる．

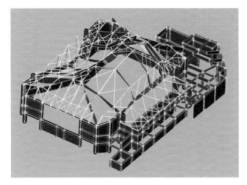

(a) 1 次 T1=0.336sec.

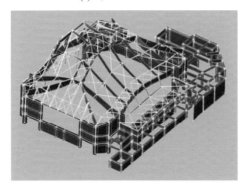

(b) 2 次 T2=0.323sec.

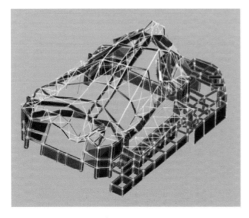

(c) 3 次 T3=0.234sec.

図 B.3　固有値解析結果（Result of eigenvalue analysis）

＜建築物C（宮城県仙台市）＞
[基本データ]
・建築時期：昭和62年
・構造・階数：鉄筋コンクリート造（一部鉄骨造）・地上3階（地下2階）
・延床面積：12949.32m^2
・被災場所の用途：ホール
・被災場所のおおよその広さ：1100m^2
・被災場所のおおよその天井高：14.9m

[建築物概要]
・大ホールと小ホールがある．

[天井概要]
・大ホールは500m^{2}以上であることから天井の改修を行い，平成19年3月に完成したとのこと．改修方法は端部のクリアランスの確保と，ダブルクリップ等の溶接やビス止めによる補強ということである．現地調査で改修状況を確認した．
・落下部分の客席から天井までの高さを計測すると14.9m，張間のスパンは31mであった．水平の天井はボード2枚張りで，勾配天井のボードは3枚張りであった．

[技術的助言との対応（クリアランスの確保，斜め部材の設置）]
・壁際にはクリアランスが取られており，斜め部材は設置されていないことを確認した．

[天井被害概要]
・被害発生時間：本震と余震の両方．
・大ホールと小ホール，いずれも在来工法の天井の脱落を生じたとのこと．
・4月7日の余震で，大ホールでぶら下がっていた天井の範囲が広がったほか，隅部の天井が新たに落下したとのこと．

[天井以外の被害概要]
・余震で舞台上のダクトが落下したとのこと．

[天井落下時の状況及び負傷者]
・大ホールには3月11日の本震時に600～700名ほどがおり，うち2名が落下物により軽傷を負ったとのこと．

写真C.1 ホール上部の天井脱落（Damage to ceiling）

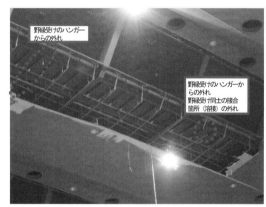

写真C.2 シーリングスポット室下部の天井脱落（野縁受けのハンガーからの外れ，脱落，野縁受け同士の接合箇所の外れ）（Damage to ceiling under spotlight room）

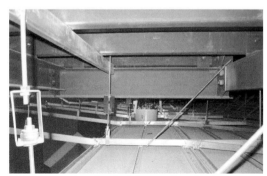

写真C.3 シーリングスポット室下の天井の詳細（Detail of the damage to ceiling under spotlight room）

写真 C.4 シーリングスポット室の直下の天井被害の詳細（野縁受け同士の溶接部の外れ，野縁受けのハンガーからの外れ，ハンガーの開き）（Detail of the damage to ceiling under spotlight room）

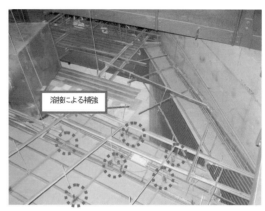

写真 C.7 損傷した天井端部の下地の状況（Damaged ceiling at the perimeter）

写真 C.5 シーリングスポット室周りの天井の被害（Damage to ceiling under spotlight room）

写真 C.6 シーリングスポット室周りの天井の被害（Damage to ceiling under spotlight room）（野縁受けの曲がり）

非構造部材

<建築物D（宮城県仙台市）>
[基本データ]
・建築時期：昭和48年
・構造・階数：鉄骨鉄筋コンクリート造・地上5階（地下2階）
・延床面積：12800.22m²
・被災場所の用途：大ホール
・被災場所のおおよその広さ：900m²
・被災場所のおおよその天井高：15m

[天井概要]
・音響効果の改善を含めて天井の改修が行われ，平成21年1月に完成したとのこと．天井の形状は，以前の曲面を組み合わせたものから，平面を組合せたものに変更されたとのこと．
・屋根からアングルL50x50x4を下ろして1次下地を吊り，1次下地の端部はRC造や鉄骨造の躯体に固定している．1次下地から天井を吊り下げており，野縁は高さ25mmの外部用のダブル野縁（内部用は高さ19mm）を全て用いているとのことであり，300mmピッチで配置している．吊りボルトは傾斜した天井面に対して900mmピッチで配置され，下地が比較的密に設けられている．
・1次下地からの吊り長さは平坦部の短いところで650mmであり，壁際のクリアランスも10cm程度取られている．
・クリップにはネジ止めをする耐風クリップが用いられている．
・天井板は下地側から，けい酸カルシウム板12mm厚，繊維混入せっこう板10mm厚及び8mm厚の3枚張りである．けい酸カルシウム板12mm厚は面として張られているのではなく，ダブル野縁の幅に合わせて短冊状に加工されたものが使われている．

[技術的助言との対応（クリアランスの確保，斜め部材の設置）]
・壁際にはクリアランスが10cm程度取られていた．
・1次下地からの吊り長さが短いところも多く，斜め部材は設置されていないが，耐震性に配慮した下地構成となっている．

[天井被害概要]
・被害発生時間：本震．
・天井の突出部分で，吊り元に点付け溶接をした吊りボルトが外れたために一部で天井が垂れたが，落下はしていない．
・野縁の衝突痕が壁に残っていた．

[天井以外の被害概要]
・設計者の調査によれば構造躯体の被害は見られないとのこと．

[天井落下時の状況及び負傷者]
・大ホールは利用しておらず，負傷者はなかったとのこと．

[その他]
・調査時点では足場が組み終わった段階で，詳細な調査はこれからとのこと（内観は見通せない状態）．

写真D.1　天井詳細写真（Detail of the ceiling）

写真D.2　天井詳細写真(野縁受け同士をねじどめ)（Detail of the ceiling）

写真 D.3　天井詳細写真 (Detail of the ceiling)

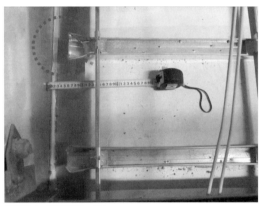

写真 D.4　野縁端部の状況
（赤波線円内に野縁端部が衝突した跡）(Damaged furring at the ceiling edge)

写真 D.6　シーリングスポット室下の天井下地の様子
（上写真では吊りボルトと吊り元の溶接部が外れている）(Damaged suspension rod detached from the support member)

写真 D.5　シーリングスポット室下での天井の垂れ (Damaged and dangled ceiling beneath the spotlight room)

非構造部材

＜建築物 E（宮城県大崎市）＞
[基本データ]
・建築時期：平成 17 年
・構造・階数：上部鉄骨造・下部鉄筋コンクリート造・地上 1 階
・延床面積：1229m^2
・被災場所の用途：屋内運動場
・被災場所のおおよその広さ：850m^2
・被災場所のおおよその天井高：10.7～11.6m

[建築物概要]
・屋根は 3/100 の勾配で舞台側（北側）から舞台反対側（南側）へと下がっている．
・アリーナは，張間（大梁方向）24.4m×桁行き 33.2m=810m^2 程度．アリーナ床面から天井までの高さは 10.7m（舞台と反対の妻壁側）～11.6m（舞台側）である．

[天井概要]
・天井は在来工法で，天井板はせっこうボード 9mm＋ロックウール吸音板 12mm の 2 枚張りである．大梁の位置で区切られ，7 枚に分かれた平らな天井が，段差を付けて並んでいる．それぞれの天井は舞台側端部（梁際）で壁用のスタッド（リップ付き溝形鋼 C65x50）を用いて幕板が取り付けられている．

[技術的助言との対応（クリアランスの確保，斜め部材の設置）]
・各天井の張間方向端部では段違いの納まりで干渉しないように工夫されており，大梁との際では 10cm 程度のクリアランスが取られている．斜め部材は多数設置されており，図面にも明示されている．

[天井被害概要]
・被害発生時間：本震と余震の両方．
・H 形鋼梁のフランジにかけた吊りボルトが，吊り金具とともに吊り元から外れて落下した被害も多く見られた．また斜め部材の点付け溶接は所々で地震により外れたと思われる．天井は調査時には，手で揺らせるような状態であった．
・天井からロックウール吸音板のみが剥がれ落ちている部分があった．
・落下部分は大梁（張間）のスパン中央部付近だけでなく，周辺部にもあった．周辺部の被害は柱との衝突が影響したと考えられる．
・2008 年の岩手宮城内陸地震でも，天井からパラパラと落下物があったとのこと．

[天井以外の被害概要]

・ガラス，照明は損傷しなかったものの，余震で照明が少し下がっていた．

[天井落下時の状況及び負傷者]
・地震時は使用中であり体育館の外に避難した．

写真 E.1　天井脱落被害の状況（北側を見る）(Damage to ceiling)

写真 E.2　天井面を桁行方向，南方向に見通した様子
（東西方向に架かる梁の下フランジに，南側の天井面は下がり壁で接し，北側の天井面は端部で接する）
(Perspective view of damaged ceilings)

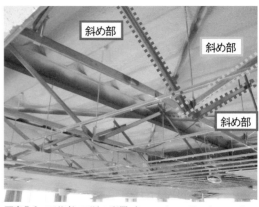

写真 E.3　天井裏の下地の配置 (Suspension and bracing members at the ceiling cavity)

写真 E.4 斜め部材の溶接が外れた被害（Damage to welding of suspension members）

写真 E.5 H形鋼梁への吊り金具が外れた被害（Damage to hanging metal connected to H-shape steel beam）

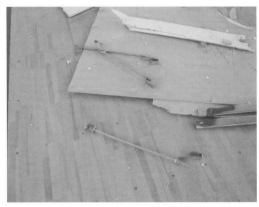

写真 E.6 被害により床面に落下した吊り金具，吊りボルト，ハンガー（Fallen suspension members）

写真 E.7 天井面と梁下フランジとのクリアランス（天井の野縁方向）（Clearance between the ceiling and the steel beam）

写真 E.8 野縁受け方向端部の状況（窓側の天井と，アリーナ天井端部の折り上げ部の間に隙間）（Damaged furrings at the ceiling edge）

非構造部材

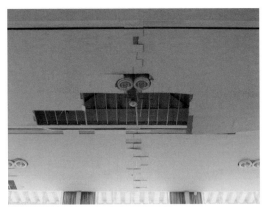

写真 E.9 天井板が野縁から外れて落下 (Damage to ceiling)

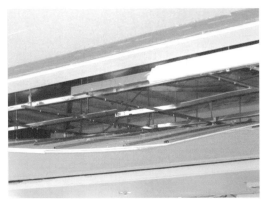

写真 E.10 天井面の端部での垂れ下がり (Damaged and dangled ceiling)
(赤点線円内で野縁受け継手(金物接合)の外れ)

<建築物F（宮城県大崎市）>
[基本データ]
・建築時期：平成6年
・構造・階数：屋根部鉄骨造・上部柱，桁鉄骨鉄筋コンクリート造・下部鉄筋コンクリート造
・延床面積：1092m^2
・被災場所の用途：屋内運動場
・被災場所のおおよその広さ：942m^2
・被災場所のおおよその天井高：11.6～14.6m

[建築物概要]
・アリーナは32.7m×26.7m≒870m^2．

[天井概要]
・天井板は，せっこうボード9mm厚＋ロックウール吸音板9mm厚．天井高は11.6～14.6m．

[技術的助言との対応（クリアランスの確保，斜め部材の設置）]
・クリアランスは梁際にあるが，壁際にはない．
・斜め部材は，張間方向スパン1/4付近で落下した天井部分の下地については確認できなかったが，勾配天井下端と壁の取り合い部について確認できた．

[天井被害概要]
・被害発生時間：本震と余震の両方．
・桁行き方向の5スパン中，両端を除く中央の3スパンで天井が脱落．中央スパンは狭い．
・天井の落下範囲は余震で広がっているとのこと．

[天井以外の被害概要]
・下駄箱が倒れたが下校時間の前であった．理科室や家庭科室は使用していなかったとのこと．
・地震時は停電して校内放送はできなかったとのこと．

[天井落下時の状況及び負傷者]
・地震時は授業中で，埃が落ちてきたため尋常ではないと判断した先生が即座に児童を校庭に避難させた．

[その他]
・応急危険度判定で「危険」とされており，使用していない．避難所に指定されているが使用できなかったとのこと．

写真F.1　天井被害の状況（Damage to ceiling）

写真F.2　天井下地の状況（勾配天井の中間部）（Suspension members）

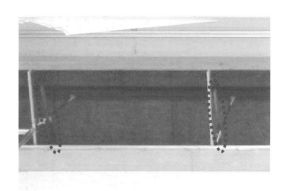

写真F.3　勾配天井下端の天井下地の状況
（楕円点線部分に斜め部材と思われる部材が見える）
（Damage at the bottom edge of the inclined ceiling）

非構造部材

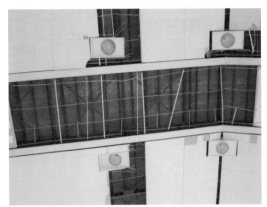

写真 F.4 天井被害状況 (Damage to the ceiling)

写真 F.5 野縁受けの接合箇所(金具接合)の外れ (Damage to the furring connections)

写真 F.6 落下した部材 (Fallen suspension members and ceiling boards)

<建築物G(宮城県仙台市)>
[基本データ]
・建築時期:平成12年
・構造・階数:鉄骨造(一部鉄筋コンクリート)・地上7階(地下2階)
・延床面積:21682.15m^2
・被災場所の用途:共有スペース
・被災場所のおおよその広さ:1453.21m^2(当該階の床面積は2418.46m^2)
・被災場所のおおよその天井高:3.565m

[建築物概要]
・被害のあった7階の階高は4.0m.

写真 G.1　天井脱落の状況(施設提供写真)(Damage to the ceiling)

[天井概要]
・天井板は,せっこうボード12.5mm+12.5mmの2枚張り.
・吊りボルトは1mピッチ,吊り長さは490mmとのこと.
・7階と同じ仕様の天井は3階であり,吊り長さは30cm程度とのこと.6階の天井仕様は7階とは異なっていた.

[技術的助言との対応(クリアランスの確保,斜め部材の設置)]
・吊り長さが短いためか,斜め部材は設置されていない.
・内壁のプロフィリットガラスなどとのクリランスは20cm程度あった.

写真 G.2　天井脱落の状況(施設提供写真)(Damage to the ceiling)

[天井被害概要]
・被害発生時間:本震と余震の両方.
・3月11日の地震で7階の南側(防煙垂れ壁より南)の天井が落下したとのこと.
・4月7日深夜の余震で西側の天井が落下し,北東側の天井が垂れたとのこと.
・天井仕様が7階と同じである3階の天井は,被害を受けていなかった.

[天井以外の被害概要]
・天井がぶつかって,内壁のプロフィリットガラスが割れたとのこと.
・スプリンクラーが作動して水が出たとのこと.

[天井落下時の状況及び負傷者]
・人的被害はなかったとのこと.

写真 G.3　天井被害の状況(施設提供写真)(Damage to the ceiling)

非構造部材

写真 G.4 天井被害の状況（施設提供写真）（Damage to the ceiling）

写真 G.6 落下した天井に使われていた部材（Suspension rods and hangers）

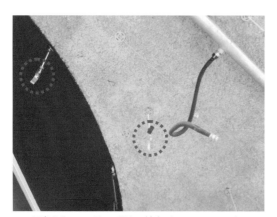

写真 G.5 ハンガーの開きの被害（Damage to hanger）

<建築物 H（福島県福島市）>
[基本データ]
- 建築時期：平成5年・平成7年
- 構造・階数：鉄骨造（一部鉄骨鉄筋コンクリート造）・地上7階（地下1階）
- 延床面積：84847.897m^2
- 被災場所の用途：客席・通路
- 被災場所のおおよその広さ：1450m^2
- 被災場所のおおよその天井高：2.5～3.2m

[建築物概要]
- エキスパンションジョイントで3つの棟に分かれている.
- 6階は屋根に鋼製折板が使われている. 床から屋根下まで5.2m, 窓側では折板の山の下まで6.4m.
- 5階は, 通路の柱から7.2m程度の片持ちで観客席がある.
- 建物幅（長手方向）を計測すると236m.

[天井概要]
- 6階は, 床から屋根下まで5.2m, 野縁まで2.5mであり, 吊り長さは2.7m. 窓側では折板の山の下まで6.4m, 照明の下端まで2.5mであり, 吊り長さは3.9m.
- 5階は通路の柱からターフに向かって観客席が下がるのに合わせて天井も下がっており, 吊り長さが長くなっていく. 通路の天井は, 5～6m毎に同じ形状が繰り返される構成.
- 4～6階の天井の仕様は同じとのこと.

[技術的助言との対応（クリアランスの確保, 斜め部材の設置）]
- クリアランスは特にとられていない.
- 通路等の天井裏はダクトや配線で一杯であり, 斜め部材は設置されていなかった. 観客席の上部の勾配天井でも斜め部材は確認できなかった.

[天井被害概要]
- 被害発生時間：本震.
- 3つの棟の内の真ん中の棟で天井脱落が発生した.
- 6階では, エキスパンションジョイント周囲, 天井端部, 天井段差近傍などで脱落を確認した.
- 5階では, エキスパンションジョイント周囲, 客席, 通路側の天井の段差近傍での損傷や脱落を確認した.
- スプリンクラーが作動して水が出て, 濡れたせっこうボードが脱落した箇所もあるとのこと.

[天井以外の被害概要]
- 階段の壁に専用ボンドで貼られたせっこうボードが脱落していた.
- スプリンクラーは, ヘッドで壊れたものもあるし, 配管が壊れたものもあるとのこと.
- エキスパンションジョイント部分が2階以上で潰れているとのこと.
- エキスパンションジョイント部分のガラスが割れたが, 物が当たった痕跡は無かったとのこと.

[天井落下時の状況及び負傷者]
- 人的被害はなかったとのこと.

写真 H.1　6階における天井脱落（Damage to ceiling on the 6th floor）

写真 H.2　上記被害箇所の詳細（Detail of the damage）
（赤点線円内でハンガーの開きと野縁受けからの外れ）

非構造部材

写真 H.3 6階の通路部分の天井脱落（左側が段差天井，右側が曲面天井．赤点線は天井の断面形状）（Damage to the ceiling on the hall way of the 6th floor）

写真 H.6 4階の脱落被害を生じていない天井（Ceiling on the 4th floor which had no damage）

写真 H.4 上記天井の曲面天井の端部（Edge of the damaged curved ceiling）

写真 H.7 5階通路での天井脱落被害（Damage to the ceiling on the 5th floor）

写真 H.5 5階の天井脱落被害（写真右側に見える勾配天井の脱落は，エキスパンションジョイントに近い箇所のみ）（Damage to ceiling on the 5th floor）

写真 H.8 4階通路の天井（Ceiling on the 4th floor）

＜建築物I（福島県伊達郡）＞
[基本データ]
・建築時期：昭和 54 年
・構造・階数：鉄骨鉄筋コンクリート造・3 階建て
・延床面積：2405.79m^2
・被災場所の用途：会議場
・被災場所のおおよその広さ：207m^2
・被災場所のおおよその天井高：3.1～4m

[建築物概要]
・昭和 53 年の地震で被害を受けて建て替えた庁舎とのこと．
・20m くらいの杭を打っているとのこと．
・耐震診断をして補強を検討していたところだったとのこと．

[天井概要]
・1, 2 階の執務室はシステム天井．2～3 階の議会関係諸室，会議室は在来工法による天井．
・屋根は鉄骨造の梁で屋根版は ALC パネル．床から屋根の ALC パネルまで 4.9m，天井高 3.1m であり，吊り長さは 1.8m 程度．脱落する以前の天井には段差部があった．

[技術的助言との対応（クリアランスの確保，斜め部材の設置）]
・クリアランスは取られていない．斜め部材は設置されていない．

[天井被害概要]
・被害発生時間：本震．
・3 階の会議場の天井が全面的に脱落した．会議場の広さは，11.3m×17.6m≒200m^2．
・地震発生時に 1 階にいた人の話によると，1 階の天井は本震の際に，最初の 30 秒くらいは大丈夫だったものの，その後の大きな揺れにより次々と落下したとのこと．

[天井以外の被害概要]
・建物の西側が下がり，1/100 程度傾いているとのこと．
・屋根の水平ブレースの端部のボルトが外れていた以外は，構造的な被害は特になかったとのこと．
・ガラスは入口のはめ殺しの 2 枚が割れていた．
・地震後には電源は落したままで入れていないとのこと．

[天井落下時の状況及び負傷者]
・地震の日は議会は休会で会議場は使われていなかったとのこと．その他の場所では業務中だったが，幸い怪我人はいなかったとのこと．

[その他]
・1 階に震度計が設置されている．30 秒くらいで電源が落ちたため，気象庁にデータは送られなかったものの記録されていたとのことであり，6 月 23 日に本震の震度が 6 強と確定された．

写真 I.1　天井脱落被害（3 階議場）(Damaged ceiling on 3rd floor)

写真 I.2　天井脱落被害状況（ハンガーの開きが多数確認される）(Damaged ceiling on 3rd floor)

写真 I.3　天井脱落状況（3 階議場）(Damaged ceiling on 3rd floor)

非構造部材

写真 I.4 落下した天井の下面の状況 (View under fallen ceiling)

写真 I.5 落下した天井の状況 (View of the fallen ceiling)

写真 I.6 3階議場隣室の被害状況 (Damaged ceiling on 3rd floor)
※右の写真の赤点線四角内を見上げた様子が左の写真

写真 I.7 3階議場の2つ隣の室の状況 (Undamaged ceiling on 3rd floor)

<建築物 J（福島県福島市）>
[基本データ]
・建築時期：昭和 45 年
・構造・階数：鉄骨鉄筋コンクリート造・3 階建て（地下 1 階）
・延床面積：11438m^2
・被災場所の用途：ホール，展示室
・被災場所のおおよその広さ：700m^2（大ホール），500（展示室）
・被災場所のおおよその天井高：15m（大ホール），4.5m（展示室）

[建築物概要]
・ホールは大ホールと小ホールの 2 つがある．
・展示室はホールとは別棟の建物の 3 階にある．

[天井概要]
・大ホールは数段の平らな天井と，それらをつなぐ曲面の天井で構成される．平らな天井は吊りボルトと野縁受けがあり，野縁受けに金具でとめつけられた木製下地に合板が張られている．曲面（下に凸のかまぼこ状）部分の木製天井は吊りボルト等で吊っていた様子はなく，接続する平らな天井の部材にくぎ打ちでとめられていたと思われる．
・展示室の空調は，作品に冷暖房の気流が直接に当たらないよう，二重の天井の間を空気を通して，天井面の細かい穴から吹き出すような方式を採っているとのこと．

[技術的助言との対応（クリアランスの確保，斜め部材の設置）]
・大ホール：クリアランスはなし．一部には斜め部材が設置されている．
・小ホール：クリランス，斜め部材，ともになし．
・3 階展示室：クリランス，斜め部材，ともになし．

[天井被害概要]
・被害発生時間：本震と余震の両方．
・大ホールでは曲面（下に凸のかまぼこ状）の木製天井が落下していた．
・小ホールでは，天井は落下していないものの，天井裏で野縁受けの変形が見られた．
・展示室の落下箇所では，ハンガーの開きが多数見られ，吊りボルトからのハンガーの外れも見られた．
・玄関ホールの光天井で照明の一部が破損して落下していた．ぶどう棚から吊られた天井にはクリップの外れが見られ，周辺の壁のコンクリートが一部破損していた．

[天井以外の被害概要]
・躯体に特に被害はないとのこと．
・施設全体で 100 枚近くのガラスが割れたとのこと．
・設備関係は，壊れているかどうか十分に確認できていないとのこと．

[天井落下時の状況及び負傷者]
・本震当日，大ホールには予定されている行事の主催者側のスタッフが 20 名程度居たが，けが人は出なかったとのこと．3 階の展示場は使っていなかったとのこと．

[その他]
・現地調査時点で，大ホールと 3 階展示場は地震時のままであった．

写真 J.1　ホールの天井脱落被害の状況（Damage to the ceiling）

写真 J.2　上記の落下部分を見上げた様子（Close view of damaged ceiling）

非構造部材

写真 J.3 上記被害箇所からの落下物(Part of the ceiling which fell down)

写真 J.6 大ホールの平らな天井の下地の詳細(Detail of the suspension members)

写真 J.4 天井落下箇所の天井裏からの様子(Damage viewed from catwalk)

写真 J.7 展示室の天井脱落(Damage to the ceiling in the exhibition room)

写真 J.5 大ホールの天井裏の様子(The structure of the ceiling)

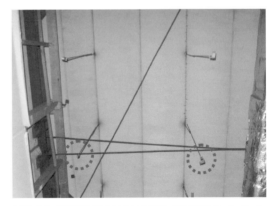

写真 J.8 展示室天井の吊り元の状況(野縁受けのハンガーからの脱落)(左下のハンガーの脱落や,右下のハンガーの開きが見られる)(Suspension members above the exhibition room)

写真 J.9 展示室の天井の詳細写真(青破線が下の天井の破断面,赤破線が上の天井の破断面)(Damage to the upper ceiling (red) and lower ceilings (blue))

写真 J.10 展示室の上の天井と下の天井の間の様子(脱落した天井を撮影)(Space between the upper ceiling and the lower ceiling above the exhibition room)

非構造部材

<建築物K（東京都千代田区）＞
［基本データ］
- 建築時期：昭和9年
- 構造・階数：鉄骨鉄筋コンクリート造　地上4階地下1階
- 延床面積：14,647m^2
- 被災場所の用途：ホール
- 被災場所の広さ：約440m^2
- 被災場所の天井高：概ね10m程度

［建築物概要］
- 建築基準法制定前の昭和9年の建築．
- ホールには1階客席，2階客席，3階客席があり，最も高いところでは4階からの出入可能．
- ホール（客席部）の広さは概ね20m×20m程度．

［天井概要］
- 本天井の仕様は昨今の吊り天井と呼ばれている工法とは大きく仕様が異なるものといえる．
- ホール（客席部）全面に渡って天井が貼られており，天井面を意匠の違いから区分すると，舞台側から①ホール前方の部分（全体の天井面積の1/4程度），②ホール中央の部分（全体の天井面積の1/2程度），③ホール後方の部分（全体の天井面積の1/4程度）の3つの部分に分けられる．
- ①の部分は漆喰のような素材で細部にも意匠が施された50cm角程度の格子状模様の仕上げとなっている．天井面の形状は，両サイドが低く中央部が高いゆるやかなアーチ形状で，ホール（客席部）後方にかけて高くなるように傾斜している．①と②の境界部分で天井面が垂直に折れ上がり，段差が生じている．
- ②の部分は舞台側からホール後方にかけて中央部分に幅が2m程度の照明の列があり，天井面の形状は，①の部分と同様両サイドが低く中央部が高いアーチ形状で，ホール（客席部）後方にかけて高くなるように傾斜している．
- ③の部分は漆喰のような素材による仕上げで，天井面の形状は水平でフラットである．
- 天井の構成部材については，目視で確認できた範囲が天井の崩落した①の部分のみに限られるが，当該部分では，天井ふところに鉄骨による骨組みが上下2段に配置されており，上段の鉄骨部材はチャンネル型の部材が用いられており周囲の壁に取り付いている．また，下段の鉄骨部材は上段の鉄骨部材より一回り小さいサイズの部材（一部はアングル型の部材）が用いられており，両サイドの壁に取り付いているとともに，上段の鉄骨部材から吊り下げられた鉛直部材によって吊り下げられている．下段の鉄骨部材の下には，丸鋼や幅の小さいチャンネル型の軽量の鋼材によって梯子状に組まれた部材が取り付けられていたとみられる．取付方法は断定できないが，太い針金が梯子状の組まれた部材や下段の鉄骨部材にいくつか残っていたことから，太い針金で梯子状の部材と鉄骨骨組みとが止め付けられていたのではないかと類推する．当該梯子状の部材に，ラスが細い針金で止め付けられ，ラスにモルタルが塗り込められている．仕上げ部材は針金と釘によって，ラスに引っ掛ける形で吊り下げられていたとみられる．

［天井被害概要］
- ホール（客席）上部の天井のうち，舞台側に近いほうから全体の4分の1ほどの部分が全面にわたって，鉄骨骨組みを残し脱落している．
- 舞台上部の垂壁部分は，舞台に向かって右手側部分について仕上げ部分が脱落し，ラス及びモルタルの下地部分はほぼ残存している．
- ①と②の境界部分の垂直に折れ上がっている部分は，鉄骨骨組みを残しほぼ全面的に脱落している．
- その他の部分の天井については，天井と壁の取り合い部分でひびが見られるほかは，外観上損傷は見られていない．

［天井以外の被害概要］
- 特段の被害なし．

［天井落下時の状況及び負傷者］
- ホールには約600人ほどがおり，うち2名が死亡，26名が負傷．

［その他］
- 脱落した天井仕上材の裏側の残されていた新聞に「昭和八年七月廿七日」との日付の記載あり．

第 4 章　非構造部材の部材別被害

写真 K.1　上部の格子状の天井部分が崩落した部分（出典：同建築物パンフレット）（Interior view : the upper lattice part of the ceiling fell down）

写真 K.4　崩落した天井部分の鉄骨骨組み（Steel frames support the fallen ceiling surface）

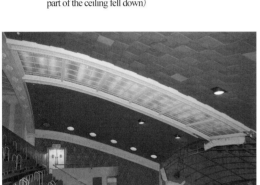

写真 K.2　ホール（客席部）中央部の天井（脱落なし）（Undamaged ceiling above the middle of the hall）

写真 K.5　舞台上部の垂壁部分（Vertical wall above the stage）

写真 K.3　ホール（客席部）後方の天井（脱落なし）（Ceiling of the back part of the hall, no damage）

写真 K.6　崩落した天井部材（梯子状に組まれた部材がみられる）（Fallen ceiling members）

非構造部材

写真 K.7 梯子状に組まれた部材（部材に鉄骨骨組みとの止め付けに用いられたと思われる針金がみられる）（Lattice structure of the ceiling）

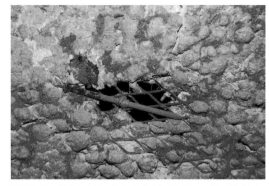

写真 K.10 仕上げ部材の吊り下げるためにラスに引っ掛けられた釘（Nail hooked to lath to hang finishing material）

写真 K.8 下段の鉄骨骨組み（アングル型の鋼材に針金が止め付けてあるのがみられる）（Steel frame to support the fallen ceiling）

写真 K.11 脱落した仕上げ材の裏側（Back side of the finishing material of the fallen ceiling）

写真 K.9 ラスから針金でぶら下がる仕上げ材（Finishing material hanging from lath by wire）

写真 K.12 脱落した天井仕上材の裏側に残されていた新聞記事（A newspaper article found behind the fallen finishing material）

＜建築物L（神奈川県川崎市）＞
[基本データ]
・建築時期：平成15年
・構造・階数：鉄骨造（一部鉄骨鉄筋コンクリート造）・8階建て（地下2階）　※ホール棟
・被災場所の用途：ホール
・被災場所のおおよその広さ：1400m^2
・被災場所のおおよその天井高：22m（最も高い箇所）

[建築物概要]
・施設全体は事務所，店舗，ホール，駐車場を含む複合施設．
・脱落した天井があるのはホール棟．

[天井概要]
・鉄骨造の小屋トラスから吊られた重量鉄骨製のブドウ棚から，天井が吊られている．
・天井下地は軽量鉄骨製であり，大部分で2段吊りになっている．吊り元に近い方から大まかに，1次下地（リップ溝形鋼）－吊りボルト－2次下地（リップ溝形鋼）－吊りボルト－野縁受け－野縁－天井板，という構成．1次下地と2次下地の中間に防振ゴムが入っている．
・吊りボルトの配置は，1次下地から吊っているものは，1.2×1.5m．
・天井面は凹凸の多い複雑な形状であり，その形状に合わせるため吊りボルトの長さに長短がある．
・部材は（リップ溝形鋼，吊りボルト）にはJIS A6517よりも断面の大きな部材が用いられている．
・吊り元のフック状金物は汎用の部品，ハンガーは既製品，クリップは特注品．
・天井はほぼ全面，厚さ8mmの繊維混入石膏板を5枚張りにしたもの（68kg/m^2）が使われており，軽量鉄骨下地（15～20kg/m^2）を含めて，天井の単位面積質量は約100kg/m^{2}弱．

[技術的助言との対応（クリアランスの確保，斜め部材の設置）]
・斜め振れ止めの数が少なく，未落下である反射板の上の部分にはほとんど見あたらない．ステージ下手の未落下の天井については，図面に斜め振れ止めが描かれており，その通りに施工されている．
・天井周辺と壁の間にはクリアランス（隙間）がなく，天井端部が壁に突きつけになっているだけ．

[天井被害概要]
・天井の落下範囲が広範囲に及んでおり，大面積の天井が落下した．
・落下した天井の大部分で，吊りボルトを1次下地に引っ掛けるための接合金物が1次下地から分離しており，接合金物は変形している．1次下地のC形鋼のリップが，この接合金物がついていた箇所で変形しているものもある．
・1次下地が接合箇所で分離したり，1次下地同士，2次下地同士の継ぎ目で分離したりしている．

[天井以外の被害概要]
・天井に載っているスピーカーボックスの側面に，ブドウ棚に固定されているキャットウォークの手すりのとめつけ部によってつけられたと見られる長さ20cmの擦過傷がある．
・空調の吹き出し口が天井と一緒に落下している．

非構造部材

写真 L.1 ホール内部の天井落下状況（建築物 L「震災被害調査中間報告書の概要等について」より）（Damage to ceiling in the hall）

写真 L.4 1 次下地のリップ溝形鋼を取り付けていた溶接箇所の破断（建築物 L「震災被害調査中間報告書の概要等について」より）（Damage to the welding of the Lip steel channel）

写真 L.2 キャットウォーク直下の吊り元接合部分（溶接された吊りボルト）の脱落（建築物 L「震災被害調査中間報告書の概要等について」より）（Damage to the welding of suspension rods to the catwalk）

写真 L.3 吊り元の接合金物の変形・分離（The deformation of the hanging metal）（建築物 L「震災被害調査中間報告書の概要等について」より）

4.5.4 東日本大震災以前 10 年程度における天井脱落被害の文献等調査（Review of literature on damage to ceiling from recent earthquake）

東日本大震災における天井脱落被害については，新聞，テレビ，インターネット等より情報収集を行い，特定行政庁へのアンケート調査により更に具体的な被害情報を収集し，東日本大震災における天井脱落被害について整理した．またそれらの情報を基に天井脱落被害の現地調査を実施した．その他，(社)日本建設業連合会へのアンケート調査を行い，天井脱落被害等について情報を収集した．

近年の地震における天井脱落被害については，主な地震被害情報についてまとめられている日本建築学会の地震被害調査報告，地震による単独の天井脱落被害についての報告も行っている国土技術政策総合研究所・建築研究所の地震被害調査報告から天井脱落被害について情報収集を行った．

同様に天井脱落被害について文献調査から整理した文献として，平成 20 年度建築基準整備促進補助金事業の調査報告「大規模空間を持つ建築物の天井脱落等およびスプリンクラー設備の地震時機能維持等に関する調査」（(財)日本建築センター，戸田建設(株)，西松建設(株)／2009 年 3 月）がある．同報告の「2.2 近年の地震による天井の地震被害報告調査」では，同じく以下のような地震被害調査報告を収集し，地震により損傷した天井の位置，落下した部材等から被害状況について整理・分析を行っており，文献による天井脱落被害の調査にあたって参照した．

収集した主な地震被害調査報告

[日本建築学会によるもの]
- 2000 年鳥取県西部地震災害調査報告 2001 年芸予地震災害調査報告，2001 年 10 月
- 2003 年 5 月 26 日宮城県沖の地震災害調査報告 2003 年 7 月 26 日宮城県北部の地震災害調査報告，2004 年 3 月
- 2004 年 10 月 23 日新潟県中越地震災害調査報告，2006 年 8 月
- 2005 年福岡県西方沖地震災害調査報告(CD-ROM 付)，2005 年 9 月

[国土技術政策総合研究所・建築研究所によるもの]
- 2001 年 3 月 24 日芸予地震被害調査報告－体育館など大空間を構成する建築物の天井落下－，2001 年 5 月
- 宮城沖地震調査報告，独立行政法人建築研究所，2003 年 7 月
- 2003 年十勝沖地震における空港ターミナルビル等の天井の被害に関する現地調査報告，2003 年 10 月
- 平成 16 年新潟県中越地震建築物被害調査報告（速報）全体版，2004 年 12 月
- スポパーク松森における天井落下事故調査報告－大空間を有するスポーツ等施設の天井落下－，2005 年 8 月
- 能登半島地震及び三重県中部を震源とする地震の現地調査の実施状況について（速報），2007 年 5 月
- 平成 19 年（2007 年）能登半島地震建築物被害調査報告，2007 年 8 月
- 中越沖地震に関する調査について，2007 年 8 月
- 平成 20 年（2008 年）岩手・宮城内陸地震建築物被害調査報告，2008 年 9 月
- 岩手県沿岸北部の地震建築物被害調査報告，2008 年 9 月

4.5.5 地震による天井脱落被害に関するまとめ
（Summary of ceiling damage by earthquakes）

本節では，アンケート調査，現地被害調査，文献調査より地震による天井脱落被害について整理した．

アンケート調査は特定行政庁と（社）日本建設業連合会に対して実施し，建築時期，用途，天井種類，被害状況，人的被害の有無，の概要を把握するとともに，後者へのアンケート調査では復旧の状況についても情報収集を行った．

特定行政庁へのアンケート調査を踏まえて実施した天井被害の現地調査では11事例について被害情報を収集した．収集した情報を基に中間報告では，対策等を考える上で着目すべき項目として，以下のような項目を挙げ，その後の検討につなげた．

- 天井の形状：山形架構の屋根面に平行な天井
- 天井の箇所：端部，段差部・折り曲がり部，エキスパンションジョイント部
- 下地の構成・配置：斜め部材の配置のバランスと量，接合部（金物，溶接）の外れ，ダクト等による吊りボルトの不足
- 部材単体：クリップの外れ，ハンガーの開き

過去の地震被害調査については，（社）日本建築学会，国土技術政策総合研究所・建築研究所による地震被害調査報告から情報を収集した．同種の調査が調査報告「大規模空間を持つ建築物の天井脱落等およびスプリンクラー設備の地震時機能維持等に関する調査」において行われており，過去の地震による天井脱落被害については以下のように整理されている．

- 地震被害調査報告に見られた天井被害を位置に着目して見ると，天井周辺部と構造体等の取り合い部分で生じた被害と，天井単独で生じた被害は，同数程度見られる．この傾向は天井種類で大きく異なるものではない．
- 地震被害調査報告に見られた天井被害では，ハンガー，吊りボルト等の脱落については報告されておらず，それより下の部位での被害である．脱落する部材範囲について天井種類別に傾向を見ると，在来工法の天井では野縁とその仕上げ材の脱落が多く見られ，システム天井では天井仕上げ材のみの脱落が多く見られる．

今回現地調査を行った被害事例について過去の被害と特に異なる点としてはハンガーの開きがある．また，今回の現地調査から対策等を考える上で着目すべき項目として"山形架構の屋根面に平行な天井"を挙げている．このような形状の天井は地震時に生じる鉛直方向の顕著な揺れによって損傷することが近年の研究で確認されている．しかし文献調査では類似事例はあっても特徴的な被害としては認識されていない．

被害を受けた天井の技術的助言への対応状況については，特定行政庁へのアンケートや関連業界団体へのアンケートにおいてクリアランス措置や振れ止めの設置についての設問を設けたものの，対象とした天井被害事例で技術的助言への対応状況が明確に分かるものが少なかったため統計的な意味のある結果が得られず，調査を行った範囲では明確な対応関係は確認されなかった．現地被害調査では，斜め部材やクリアランスが設けられていたものは数事例あったものの両者について十分な措置がなされていたと考えられるものは1事例のみであった．斜め部材の偏った配置などが確認され，必ずしも技術的助言の趣旨に充分沿った形で措置されていないと考えられるものもある．

参考文献

1) （一社）建築性能基準推進協会：地震被害を踏まえた非構造部材の基準の整備に資する検討，2012.3

東日本大震災合同調査報告
刊行予定一覧

■共通編（3編）
共通編1　地震・地震動　　　　　（幹事学会：日本地震工学会）
共通編2　津波の特性と被害　　　（幹事学会：土木学会）
共通編3　地盤災害　　　　　　　（幹事学会：地盤工学会）

■土木学会（8編）
土木編1　土木構造物の地震被害と復旧
土木編2　土木構造物の津波被害と復旧
土木編3　ライフライン施設の被害と復旧
土木編4　交通施設の被害と復旧
土木編5　原子力施設の被害とその影響
土木編6　緊急・応急期の対応
土木編7　社会経済的影響の分析
土木編8　復興

■日本建築学会（11編）
建築編1　鉄筋コンクリート造建築物
建築編2　プレストレストコンクリート造建築物／鉄骨鉄筋コンクリート造建築物／壁式構造・組積造
建築編3　鉄骨造建築物／シェル・空間構造
建築編4　木造建築物／歴史的建造物の被害
建築編5　建築基礎構造／津波の特性と被害
建築編6　非構造部材
建築編7　火災／情報システム技術
建築編8　建築設備・建築環境
建築編9　社会システム／集落計画
建築編10　建築計画
建築編11　建築法制／都市計画

■地盤工学会（2編）
地盤編1　地盤構造物の被害，復旧
地盤編2　資料編

■日本機械学会（1編）
機械編

■日本都市計画学会（1編）
都市計画編

■日本地震工学会・日本原子力学会（1編）
原子力編

■総集編（1編）
総集編　　　　　　　　　　　　（幹事学会：日本建築学会）

東日本大震災合同調査報告書編集委員会　委員構成

委 員 長	和田　　章	（東京工業大学名誉教授，日本建築学会）
副委員長	川島　一彦	（東京工業大学名誉教授，日本地震工学会）
委　　員	日下部　治	（茨城工業高等専門学校校長，地盤工学会，～2015年10月30日）
	末岡　　徹	（(株)キタック顧問，地盤工学会）
	岸田　隆夫	（地盤工学会専務理事，地盤工学会，2013年1月10日～2015年10月30日）
	東畑　郁生	（関東学院大学客員教授，地盤工学会，2015年4月6日～）
	阪田　憲次	（岡山大学名誉教授，土木学会）
	佐藤　愼司	（東京大学教授，土木学会）
	白鳥　正樹	（横浜国立大学名誉教授，日本機械学会）
	中村いずみ	（防災科学技術研究所主任研究員，日本機械学会）
	長谷見雄二	（早稲田大学教授，日本建築学会）
	壁谷澤寿海	（東京大学地震研究所教授，日本建築学会，2013年4月1日～）
	腰原　幹雄	（東京大学生産技術研究所教授，日本建築学会，2015年4月6日～）
	平石　久廣	（明治大学教授，日本建築学会，～2013年3月31日）
	平野　光将	（元東京都市大学特任教授，日本原子力学会）
	田所　敬一	（名古屋大学准教授，日本地震学会）
	岩田　知孝	（京都大学防災研究所教授，日本地震学会）
	若松加寿江	（元関東学院大学教授，日本地震工学会）
	本田　利器	（東京大学教授，日本地震工学会）
	高田　毅士	（東京大学教授，日本地震工学会）
	後藤　春彦	（早稲田大学教授，日本都市計画学会，～2014年10月9日）
	竹内　直文	（(株)日建設計顧問，日本都市計画学会）
	中井　検裕	（東京工業大学教授，日本都市計画学会，2014年10月9日～）
事 務 局	伊佐治　敬	（地盤工学会）
	小野寺顕太郎	（土木学会）
	大室　孝幸	（日本機械学会）
	今井　　浩	（日本建築学会）
	富田　　靖	（日本原子力学会）
	中西のぶ江	（日本地震学会）
	小松　康典	（日本地震工学会）
	吉田　　充	（日本都市計画学会）

（学会名アイウエオ順）

東日本大震災合同調査報告

Report on the Great East Japan Earthquake Disaster

建築編6　非構造部材

Building Series Volume 6

Non-Structural Elements

2019年2月15日　第1版第1刷

編集著作人　　一般社団法人　日 本 建 築 学 会
発 行 所　　一般社団法人　日 本 建 築 学 会
〒108-8414　東京都港区芝5-26-20
Tel. 03-3456-2051　Fax. 03-3456-2058
https://www.aij.or.jp/

発 売 所　　丸 善 出 版 株 式 会 社
〒101-0051　東京都千代田区神田神保町2-17
神田神保町ビル6F
Tel. 03-3512-3256　Fax. 03-3512-3270

©日本建築学会 2019　　　印 刷 所　　昭和情報プロセス株式会社

ISBN978-4-8189-2042-2　C3352